Michael Lapp

Das Freiheitsverständnis Zwinglis

Michael Lapp

Das Freiheitsverständnis Zwinglis

Ein Beitrag zur Theologie und Ethik Zwinglis anhand seiner Schrift „Von erkiesen und fryheit der spysen"

Fromm Verlag

Impressum / Imprint
Bibliografische Information der Deutschen Nationalbibliothek: Die Deutsche Nationalbibliothek verzeichnet diese Publikation in der Deutschen Nationalbibliografie; detaillierte bibliografische Daten sind im Internet über http://dnb.d-nb.de abrufbar.

Bibliographic information published by the Deutsche Nationalbibliothek: The Deutsche Nationalbibliothek lists this publication in the Deutsche Nationalbibliografie; detailed bibliographic data are available in the Internet at http://dnb.d-nb.de.

Verlag / Publisher:
Fromm Verlag
ist ein Imprint der / is a trademark of
AV Akademikerverlag GmbH & Co. KG
Heinrich-Böcking-Str. 6-8, 66121 Saarbrücken, Deutschland / Germany
Email: info@frommverlag.de

Herstellung: siehe letzte Seite /
Printed at: see last page
ISBN: 978-3-8416-0248-0

INHALT

Vorbemerkung

„Freiheit“ ist einer der Zentralbegriffe der Reformation. Mit Luthers Schrift „Von der Freiheit eines Christenmenschen“ aus dem Jahre 1520 begann die schnelle Entwicklung der reformatorischen Bewegung. Zwei Jahre später schrieb Huldrych Zwingli seine Abhandlung ‚*Von erkiesen und fryheit der spysen*‘. Auch hier nimmt der Freiheitsgedanke eine zentrale Stellung ein.[1] Die vorliegende Abhandlung beschäftigt sich mit dieser nicht ganz so bekannten Schrift Zwinglis, die aber für die Entwicklung der Schweizer Reformation eine wichtige Rolle gespielt hat. Die Arbeit ist in drei Hauptteile gegliedert. Der *erste Teil* behandelt als Einstieg die Biographie Zwinglis in Zürich seit 1519. Besondere Beachtung findet dabei der unmittelbare Kontext der Abfassung der Schrift ‚Von erkiesen und fryheit der spysen‘ im Jahre 1522. In diesem Zusammenhang soll auch auf die Frage der sog. „reformatorischen Wende“ bei Zwingli eingegangen werden, da die Beantwortung dieser Frage unmittelbar mit der Interpretation dieser Schrift zusammenhängt. Der *zweite Teil* enthält als Hauptteil die Interpretation der Freiheitsschrift. Dabei werden die theologischen Themen behandelt, die für die Argumentation bezüglich des Freiheitsverständnisses bei Zwingli wichtig sind. Im *dritten Teil* wird das Freiheitsverständnis Zwinglis mit dem Luthers nach dessen Traktat ‚Von der Freiheit eines Christenmenschen‘ verglichen.

Die Schreibweise für Zwinglis Vornamen folgt stets - mit Ausnahme von wörtlichen Zitaten - seiner eigenen Namensschreibung ‚*Huldrych*‘.[2]

Bei der Zitation der Edition ‚Huldreich Zwinglis sämtliche Werke‘ des ‚Corpus Reformatorum‘ ist das Sigel Z mit römischer Bandzahl verwendet worden;[3] alle weiteren Abkürzungen erfolgen nach dem TRE-Abkürzungsverzeichnis.

1) vgl. Leppin, Zwingli, 800.
2) vgl. Locher, Die Zwinglische Reformation im Rahmen der europäischen Kirchengeschichte, 55. [Im Folgenden abgekürzt: Locher, Zwinglische Reformation].
3) vgl. Muralt, Abgekürzte Bezeichnung der Zwingli-Ausgaben, Zwing. 10, 582.

I.) Zwinglis Biographie 1519-1522

1.) Zwinglis Zeit in Zürich bis zum Frühjahr 1522

Huldrych Zwingli wurde am 11. Dezember 1518 von den Chorherren zum Leutpriester am Großmünster in Zürich gewählt. Am 1. Januar 1519 - seinem 35. Geburtstag - trat er seinen neuen Dienst an. Die Quellenlage aus dieser Zeit ist sehr bescheiden: So sind bis ins Frühjahr 1522 keine Predigten Zwinglis bekannt;[4] aber in seinem umfangreichen Selbstzeugnis, der im August 1522 als Rechtfertigungsschrift gegenüber dem Konstanzer Bischof Hugo von Hohenlandenberg verfassten Abhandlung *‚Apologeticus Archeteles'*[5], schildert Zwingli, dass er seit Beginn seiner Predigtzeit in Zürich nacheinander über das Matthäusevangelium, die Apostelgeschichte, die Timotheusbriefe, den Galaterbrief, die beiden Petrusbriefe und den Hebräerbrief gepredigt habe.[6] Auffällig ist daran, dass Zwingli von der üblichen Art der Perikopenordnung Abstand nahm und stattdessen die lectio continua einführte. Die Motivation für diesen Schritt ist nicht ganz deutlich. Auf geäußerte Kritik verteidigte er sich mit dem Hinweis, dass die lectio continua - die auch in den klösterlichen Stundengebeten angewandt wird - älter sei als die Perikopenordnung.[7] Dass Zwingli aber durchaus auch von der lectio continua abweichen konnte, beweist gerade die Predigt, die er über die Freiheit der Speisen gehalten hat und auf der seine Freiheitsschrift[8] basiert. Diese Predigt ist keine Interpretation eines speziellen Bibeltextes. Zwingli dürfte es weniger um die fortlaufende Auslegung der biblischen Bücher an sich gegangen sein, als vielmehr um die Darstellung von Leben und Werk Jesu. So ergibt sich aus der o.g. Reihenfolge der behandelten biblischen Bücher die Darstellung des Christentums vom Leben Jesu bis zu den Nachfolgern des Paulus.[9] In

4) vgl. Gäbler, Huldrych Zwingli. Eine Einführung in sein Leben und sein Werk, 45. [Im Folgenden abgekürzt: Gäbler, Huldrych Zwingli].

5) Z I, 256-327

6) vgl. Z I, 284,39-286,1; vgl. auch Z I, 133,2-9.

7) vgl. Farner, Huldrych Zwingli, Bd. 3, 35.

8) vgl. Z I, 122,30-123,1.

9) vgl. Gäbler, Huldrych Zwingli, 45f.

dem bereits genannten Abschnitt in ‚Apologeticus Archeteles'[10] wird auch die zunehmende reformatorische Einsicht des Predigers und der Gemeinde deutlich. Zwinglis Predigten haben ein pädagogisches Anliegen: Sie lassen den Charakter einer „zielbewussten Erziehung der Hörerschaft durch die Heilige Schrift zur Heiligen Schrift"[11] erkennen. Auch in Zwinglis einleitenden Worten zu seiner Freiheitsschrift werden diese Motivation und ihre Auswirkungen deutlich.[12] Der Zulauf des Volkes zu seinen Predigten dürfte wohl recht groß gewesen sein.[13] Reaktionen der Öffentlichkeit auf Zwinglis kritische Äußerungen blieben bis ins Frühjahr 1522 noch aus[14] bzw. sind nicht sicher belegbar. Möglicherweise reagierte jedoch die Obrigkeit bereits im Herbst 1520 positiv auf die Predigten Zwinglis. So berichtet Bullinger in seiner Reformationsgeschichte, dass der Rat der Stadt Zürich in einem Mandat die Prediger in Stadt und Land aufforderte, in ihrer Verkündigung die Heilige Schrift zugrunde zu legen.[15] Da dieses Mandat aber durch keine andere Quelle bezeugt ist, bleiben Inhalt und Zeitpunkt unsicher.[16] Indes äußerten sich im Klerus kritische Stimmen. Beim untadeligen und bereits betagten Chorherren Konrad Hoffmann stießen Zwinglis Predigten alsbald auf Ablehnung. Er verfasste vermutlich im Dezember 1521 eine ‚*Klagschrift wider Zwingli an Probst und Kapitel des Großmünsters*'[17]. Darin ging er mit der Verkündigung Zwinglis hart ins Gericht: Er kritisierte u.a. die Betonung des Schriftprinzips[18] und die Verwerfung der scholastischen Theologen[19].

Bereits im April 1521 war Zwingli zum Chorherren am Großmünster in Zürich

10) Z I, 284,39-286,1.

11) Locher, Zwinglische Reformation, 84.

12) vgl. Z I, 89,2-6.

13) vgl. Bullinger, Reformationsgeschichte, Bd. 1, 12.

14) vgl. Gäbler, Huldrych Zwingli, 50.

15) vgl. Bullinger, Reformationsgeschichte, Bd. 1, 32.

16) vgl. Gäbler, Huldrych Zwingli, 51. Während Gäbler Zweifel hegt, geht Farner von der Authentizität dieses Mandates aus, vgl. Farner, Huldrych Zwingli Bd. 3, 206-222, und datiert es auf Ende November oder Anfang Dezember 1520, a.a.O., 214.

17) vgl. Egli, Aktensammlung zur Geschichte der Zürcher Reformation, Nr. 213, 59-65. [Im Folgenden abgekürzt: Egli, Aktensammlung].

18) vgl. a.a.O., 61f.

19) vgl. a.a.O., 63.

berufen worden, behielt aber seine Stelle als Leutpriester.[20] In der Gruppe der Chorherren sollte Zwingli in der Folge den Rückhalt für seine Reformideen finden. So stammen auch einige seiner Weggefährten aus diesem Kreis.[21] In diesen Zeitraum fiel nun auch die Entwicklung Zwinglis hin zu seiner reformatorischen Theologie.

2.) Die „reformatorische Wende"[22]

a) Der Einfluss des Erasmus auf Zwingli

Seit 1515 - noch in Glarus - beschäftigte sich Zwingli mit Schriften des Humanisten Erasmus. Vermutlich im Frühjahr 1516 kam es zu einer Begegnung zwischen beiden. Zwingli war überwältigt und von tiefer Verehrung erfüllt.[23] Durch Erasmus fand Zwingli einen neuen befreienden Zugang zur Bibel. Erasmus lehrte eine philologische Methode der Schriftauslegung: Aufgabe ist es, sich nicht an den einfachen Berichten der Bibel zu stören, sondern den eigentlichen tieferen - v.a. den pädagogischen und ethisch-moralischen - Sinn dahinter zu suchen.[24] Erasmus war als Humanist vom Bildungsgedanken geprägt. Dies wird auch in seiner Christologie deutlich. So pflegte er eine Christologie, die Christus im philosophischen Sinne versteht: Er ist Lehrer der Menschheit; seine in der Bibel wiedergegebene Wahrheit ist erstes Bildungs- und Erziehungselement, ihre Wahrheit ist nicht eine geschichtliche Aussage, sondern geschichtslose und damit immer gültige Moral.[25]

Zwingli verstand diese Verkündigung im moralischen Sinn als einen Appell an die geistigen Kräfte des Menschen. Dieses ethisch bestimmte Menschenbild hat praktische Konsequenzen sowohl für das öffentliche Leben als auch für den privaten

---

20) Damit verband Zwingli in seiner Person nun ausführendes Organ (Leutpriester) und Aufsichtsamt (Chorherr), was einen Bruch mit der bisherigen Ordnung bedeutete, vgl. Gäbler, Huldrych Zwingli, 50f.

21) vgl. a.a.O., 51.

22) Hier findet der ‚klassischen' Begriff, wie er in der Zwingli-Forschung meistens gebraucht wird, Verwendung; so z.B. von Neuser in seiner Monographie ‚Die reformatorische Wende bei Zwingli' und Gäbler in seinen Veröffentlichungen. Dieser setzt sich allerdings kritisch mit diesem Begriff auseinander; so in: ‚Huldrych Zwingli im 20. Jahrhundert', 59. In seinem später erschienenen Buch ‚Huldrych Zwingli. Eine Einführung in sein Leben und sein Werk', 46, setzt er ihn in Anführungszeichen.

23) vgl. Gäbler, Huldrych Zwingli, 41.

24) vgl. ebd.

25) vgl. Locher, Zwingli und Erasmus, Zwing. 13, 51.

Bereich. Für Zwingli bedeutete dies, dass er nun um der hohen sittlichen Ansprüche des erasmischen Lebensideals willen sich im Besonderen darum bemühte, das Zölibat einzuhalten.[26] Zwingli förderte und forderte nun gegen das von Gesetzen und Geboten geprägte Frömmigkeitsleben ein einfaches Christentum der Tat, welches im Zusammenspiel von Bildung und Aufklärung den Menschen Besserung bringen sollte. Auf diese Weise sollte das Christentum eine ‚Renaissance' erfahren.[27] Zwingli war zu dieser Zeit noch nicht ‚reformatorisch'. Stattdessen ging es ihm um Versittlichung, nicht um Schuld vor Gott, sondern um richtige Diesseitsethik.[28] Zwingli betrieb in Bezug auf sein Verständnis des Erasmus eine Art ‚Auswahlexegese'. Zwar war das *‚Christus allein'* des Erasmus noch nicht das reformatorische *‚solus Christus'*, aber es deutete bereits diesen Weg an. Auch finden sich weitere Aspekte der ‚erasmischen Theologie' bei Zwingli wieder. Ein wichtiger Gesichtspunkt ist, dass die Wirklichkeit durchgehend in Kreatürliches und Göttliches geschieden ist; diese beiden Bereiche dürfen nicht vermischt werden.[29] Dieser Auffassung blieb Zwingli auch nach seiner ‚reformatorischen Wende' weiterhin treu. Sie spielt gerade in der Freiheitsschrift eine wichtige Rolle (siehe z.B. unter II.3.b.c). Als sittliche Aufgabe sah er, dass sich die Menschen den irdischen Dingen immer mehr entziehen und sich den geistigen annähern sollen. Die Bibel, die lehrhaften Charakter besitzt, bezieht ihre Autorität daraus, dass sie von göttlichen Dingen berichtet, wobei die Worte Christi am wichtigsten sind.[30]

Auf dieser Ebene liegt auch die Hermeneutik des Erasmus. Eine Auslegung der Schrift im Heiligen Geist kannte Erasmus nicht. Erasmus' Auslegung basiert stattdessen auf der Unterscheidung von ‚spiritus et litera'. Der Mensch soll sich aus der Verstrickung der Sünde und somit von der fleischlichen - nämlich zunächst rein

26) Zu Zwinglis Problemen mit dem Zölibat vgl. Farner, Zwinglis Entwicklung zum Reformator nach seinem Brief-wechsel, Zwing. 13, 82-87; vgl. dazu auch Zwinglis Brief an Heinrich Utinger vom 5. Dezember 1518 (Z VII, 110-113). Für seine Rechtfertigung verwendet er sehr zweifelhafte Begründungen, vgl. z.B. Z VII, 111,9ff.

27) vgl. Gäbler, Huldrych Zwingli, 41f; vgl. z.B. auch Z VII, 281,1.

28) vgl. Rogge, Initia Zwinglis und Luthers, LuJ 30, 129.

29) Diese Auffassung erläutert Erasmus ausführlich in seiner Schrift „Enchiridion militis christiani", vgl. Desiderius Erasmus, Ausgewählte Werke, 67,21-99,12.

30) vgl. Gäbler, Huldrych Zwingli, 42.

philologisch-buchstäblichen - Lektüre der Bibel lösen, damit er den geistlichen Sinn der Schrift suchen kann, der nur aus einem geistlichen Leben heraus fassbar ist. Für die Exegese bedeutete dies: Der Buchstabe bringt den Geist verhüllt zum Ausdruck; daher muss bei der Exegese die philologische Ebene des Textes verlassen werden und die geistliche Schriftauslegung beginnen. Erasmus verwandte zu diesem Zwecke die Allegorie.[31] Zwingli vertrat auf der Basis dieser erasmischen Auffassung aber schon bald eine eigene Variation: Er verstand - indem er die geistliche Auslegung mit dem Literalsinn des Textes verschmolz (was Erasmus nicht vertrat) - unter geistlich „die ethische Realisierung im humanistischen Sinne“.[32] Erst seit 1522 stand seine Schriftauslegung durch den Heiligen Geist im Mittelpunkt seiner Hermeneutik.

b) Der Zeitraum der „reformatorischen Wende“

In der Zeit zwischen 1519 und 1522 nahm Zwingli wieder Abstand von der erasmischen Grundlage seines Denkens. In dieser Zeit wandte er sich vom erasmischen Bibelhumanismus ab und einer existentiellen Theologie zu, in deren Mittelpunkt nun die Christologie, das Gnadenhandeln Christi stand. Das bedeutete konkret: Zwingli nahm von einem moralisch-ethisch verstandenen Lehrer Christus Abstand; an seine Stelle trat der Heilsbringer Christus. Diese Wende in Zwinglis Auffassung lässt sich zum einen an Aussagen in seinem *‚Pestlied‘*[33] festmachen. Zwingli war im August 1519 an der Pest erkrankt.[34] Nach seiner Genesung dichtete er das ‚Pestlied‘, das 1520 zunächst als Flugblatt erschien.[35] In diesem Lied wird erstmals Zwinglis Hinwendung zu Christus als den, der in seiner Gnade den Menschen zugeneigt ist, greifbar.[36] Zum anderen finden sich parallele Aussagen in

31) vgl. Hoburg, Seligkeit und Heilsgewißheit, 38-42.
32) vgl. a.a.O., 42.
33) Z I, 67-69.
34) vgl. a.a.O., 62f.
35) vgl. a.a.O., 63.
36) So z.B. Z I, 68,12-19: „Darumb dich schyb / gen mir, einiger trost, mit gnad, / die gwüß erlößt / ein yeden, der / sin hertzlich bgär / und hoffnung setzt / in dich, verschetzt / darzu diß zyt all nutz und schad.“

einem Brief Zwinglis an Oswald Myconius in Luzern vom 24. Juli 1520.[37] Dieses Schreiben hat im Besonderen den Charakter eines Zeugnisses „pro Christi gloria“[38]. Daher forderte er Myconius auf, den Seinen immer Christus als den zu lehren, der durch sein Blut die Kirche gegründet hat.[39] Als weiterer Hinweis auf die „reformatorische Wende“ kann auch die verstärkte Lektüre von Werken Augustins gesehen werden. Gäbler fasst dies zusammen, indem er schreibt: „Mit Hilfe Augustins erkennt Zwingli im Jahre 1520 die Geschichte als ein Kampfplatz dämonischer Mächte, denen mit ‚Wissen‘ und ‚Bildung‘ nicht beizukommen ist. Die Gegenwart hat eschatologische Qualität, die Zukunft steht in Gottes Hand. Der Christ wird in diesem Prozess in die Pflicht genommen, er ist Werkzeug Gottes“[40].

Auch Zwinglis Psalterauslegung nach 1519 lässt reformatorische Einsichten erkennen.[41]

Eine praktische Konsequenz aus seiner zunehmenden reformatorischen Erkenntnis war auch, dass Zwingli seit etwa 1520 - im Gegensatz zu Erasmus - auf die ihm zustehenden päpstlichen Pensionszahlungen verzichtete.[42]

c) Verschiedene Interpretationen der „reformatorischen Wende“

Der genaue Zeitpunkt der „reformatorischen Wende“ - treffender muss eigentlich von *Zeitraum* gesprochen werden - ist höchst umstritten. Ein genauer Vergleich der verschiedenen Interpretationen ist zwar eine sehr reizvolle Aufgabe, würde aber den Rahmen dieser Arbeit sprengen. Da die Freiheitsschrift die erste umfangreichere Schrift ist, die Zwingli nach seinen reformatorischen Entdeckungen geschrieben hat, soll hier kurz auf dieses Thema und die Interpretationen eingegangen werden.

---

37) Z VII, 344,15-17: «... hoc unum Christum obstestans, ut masculo omnia pectore ferre donet et me figulinum suum, rumpat aut firmet, ut illi placitum sit.»

38) Z VII, 343,31.

39) vgl. Z VII, 343,18-20.

40) Gäbler, Huldrych Zwinglis „reformatorische Wende“, ZKG 89, 125.

41) vgl. Hoburg, Seligkeit und Heilsgewißheit, 54-56. Brecht erkennt Spuren der Benutzung von Luthers „Operationes in Psalmos“ (1519-1521) durch Zwingli im „Psalterium quadruplex“, vgl. Brecht, Zwingli als Schüler Luthers, ZKG 96, 312f.

42) vgl. Z II, 314,5-315,13.

Heinrich Bullinger (1504-1575), einer der Biographen, die Zwingli noch persönlich kannten, folgte Zwinglis Selbstaussagen - so z.B. in ‚Apologeticus Archeteles'[43] - wonach Zwingli das Evangelium bereits zu seiner Zeit im Kloster Einsiedeln (Ende 1516-1518) verkündigte.[44] Auch Farner hält sich in seiner Biographie an die zeitgenössischen Aussagen und lässt die ‚zentriertere evangelische Verkündigung' 1516 anfangen[45], wobei die ‚Straffung und Ausreifung der neugewonnenen Erkenntnisse' bis 1520 dauerte.[46] In einem früheren Aufsatz hatte er aber unter Hinweis auf den Briefwechsel eine nichtreformatorische Predigtweise Zwinglis in seiner Zeit in Einsiedeln festgestellt.[47] Köhler hingegen folgt Zwinglis Selbstaussagen nicht. Er meint stattdessen, dass Zwingli 1516 ein von Erasmus geprägtes ‚Evangelium' predigte.[48]

Kontrovers wird auch die Frage behandelt, ob Zwingli von sich aus oder beeinflusst durch Luther zu seinen reformatorischen Einsichten kam.[49] Während Köhler[50] (1943) und Farner[51] (1946) davon ausgehen, dass Zwingli, indem er 1519 mit Luthers Schriften in Kontakt gekommen war, zu seinem rechten Verständnis der paulinischen Briefe und so zur reformatorischen Gnadenlehre gelangt war, vertreten Rich[52] (1949) und Neuser[53] (1977) die Auffassung, dass Zwingli seinen Weg vom humanistischen Reformer zum Reformator selbständig gegangen ist. Dieses wiederum bestreitet Brecht[54] (1985). Er geht davon aus, dass Zwingli die Rechtfertigungslehre als

43) vgl. Z II, 256,13-18.
44) vgl. Bullinger, Reformationsgeschichte, Bd. 1, 9f.
45) vgl. Farner, Huldrych Zwingli, Bd. 2, 262.
46) vgl. a.a.O., 5.
47) vgl. Farner, Zwinglis Entwicklung zum Reformator nach seinem Briefwechsel, Zwing. 3, 65-78 u.ö..
48) Köhler, Huldrych Zwingli, 62.
49) Da die jeweiligen Selbstaussagen apologetischen Charakter besitzen, stellen sie ein Problem dar. So schreibt Luther: „Und hetten sie (sc. Zwingli und seine Freunde) es nicht von uns, sie wurden wol nichts davon wissen" (WA 19,504,16f.), während für Zwingli die Unabhängigkeit von Luther der Beweis war, „wie einhellig der geist gottes sye, daß wir (sc. er und Luther), so wyt von einandren, doch so einhelliklich die leer Christi lerend on allen anschlag, wiewol ich im nit zuzezellen bin; dann ieder thut, so vil inn got wyßt" (Z II, 150,13-16).
50) vgl. Köhler, Huldrych Zwingli, 56ff.; (Köhlers Buch ist erstmals 1943 erschienen).
51) vgl. Farner, Huldrych Zwingli, Bd. 2, 310-347.
52) vgl. Rich, Die Anfänge der Theologie Zwinglis, 93-95.
53) vgl. Neuser, Die reformatorische Wende bei Zwingli, 151-153.
54) vgl. Brecht, Zwingli als Schüler Luthers, ZKG 96, 312.

reformatorische Zentrallehre von Luther übernommen und eigenständig weiter ausgestaltet hat.[55] Brecht macht als Zeitraum für die „reformatorische Wende“ den Herbst 1521 aus. Er begründet dies mit von Luther abhängigen Randbemerkungen des Galaterbriefes, die deutlich machen, dass sich Zwingli in dieser Zeit die Rechtfertigungslehre zu Eigen gemacht hat.[56]

Endgültig lässt sich das Problem der „reformatorischen Wende“ nicht klären; sicher ist aber, dass verschiedene Faktoren Zwingli beeinflusst haben.[57]

Trotz aller Kontroversen kann aber festgestellt werden, dass Zwingli bei der Abfassung der Freiheitsschrift im Jahre 1522 die ‚Wende‘ bereits vollzogen hatte.

3.) Der historische Kontext der Abfassung der Freiheitsschrift im Frühjahr 1522

a) Vorbemerkung: Die Fastenregeln[58]

Die (kath.) Kirche unterscheidet zwischen Fasten (ieiunium) und Abstinenz. Fasten bezieht sich auf die Quantität, Abstinenz auf die Qualität der Speisen. Das Fasten wird wiederum in ‚ieiunium plenum‘ (strenges Fasten) und ‚ieiunium semiplenum‘ unterschieden. Das ‚ieiunium plenum‘ besteht in Enthaltung jeden Fleischgenusses und erlaubt nur eine einmalige Sättigung am Tag sowie einen kleinen Imbiss am Morgen und am Abend. Das ‚ieiunium semiplenum‘ hingegen fordert nur Abstinenz von Fleisch ohne die Menge der anderen Speisen vorzuschreiben. Das ‚ieiunium plenum‘ ist in der vierzigtägigen Fastenzeit vor Ostern (von Aschermittwoch bis Karsonnabend)[59] zu halten, mit Ausnahme der Sonntage der Fastenzeiten, an denen das ‚ieiunium semiplenum‘ gilt. Während des Fastens besteht demnach ein generelles

55) vgl. a.a.O., 319; vgl. auch Hoburg, Seligkeit und Heilsgewißheit, 275-280, besonders 276, Anm. 9.

56) vgl. Brecht, Zwingli als Schüler Luthers, ZKG 96, 315.

57) Zu diesem Komplex vgl. auch Dellsperger, Zwinglijahr 1984 und die Zwingliforschung, VF 34, 2/1989, 32-34.

58) zu diesem Abschnitt vgl. Z I, 88, Anm. 1 und Schmidt-Clausing, Fasten II. Im Christentum, RGG 2, 883f.

59) Neben dieser Hauptfastenzeit muss noch zu weiteren Zeiten gefastet werden, so an den Quartembertagen (Mittwoch, Freitag und Sonnabend nach dem dritten Advent, nach dem ersten Fastensonntag, nach dem Pfingstfest und nach Kreuzerhöhung) und den Vigiltagen (den Tagen vor den Festen, die Vigilien haben (z.B. Pfingsten)). Dazu kommen noch alle Abstinenztage, an denen das ‚ieiunium semiplenum‘ gilt, also alle außerhalb von Fastenzeiten liegenden Freitage und Sonnabende.

Verbot von Fleischgenuss. Dazu gehören auch die Produkte der Tiere, deren Fleisch unter die Fastengebote fällt, also Milch, Butter, Käse (Lacticinien) und Eier. Erlaubt sind Fische und andere bevorzugt im Wasser lebende Tiere wie Krebse, Muscheln u.ä.. An Getränken sind nur solche erlaubt, die zur Stillung des Durstes dienen, wie Bier, Wein, Zuckerwasser u.ä., nicht aber Milch, Fleischbrühe o.ä., welche als Speisen in flüssiger Form angesehen werden. Dabei waren Ausnahmen, die entweder auf Gewohnheitsrecht oder auf päpstlichen Dispens beruhten, möglich. So konnten z.B. für die nördlichen Länder, in denen Speiseöl nur schwer zu bekommen war, sog. ‚Butterbriefe' erlassen werden, die den Genuss von Lacticinien in der Fastenzeit erlaubten.[60]

b) Das Wurstessen bei Christoph Froschauer

Im März 1522 kam es in Zürich zu einer Reihe von provozierenden Übertretungen der kirchlichen Fastengebote.[61] Am meisten Aufsehen erregte *das* Wurstessen am Abend des Sonntages Invocavit (‚Alte Fastnacht'), dem 9. März 1522, in der Werkstatt des Buchdruckers Christoph Froschauer. Es fand mit wechselnder Gesellschaft von zehn bis zwölf Personen statt,[62] darunter befanden sich die beiden Leutpriester Hudrych Zwingli und Leo Jud. Erst nachdem Hans Berker, den man wohl fürchtete, gegangen war, gab es ‚Zürcher Fastnachtsküchli' und zwei Würste.[63] Barthlime Pur, der ebenfalls bei Froschauer anwesend war, betonte in seiner vor dem

60) Zwingli spielt in seiner Freiheitsschrift (Z I, 109,4-111,2) auf einen Mitte des 15. Jahrhunderts für Teile der Eidgenossenschaft (Luzern, Schwyz, Zug) erlassenen „Butterbrief" an, der das Essen von Butter, Milch und Milchspeisen während der Fastenzeiten erlaubte, da Olivenöl nicht leicht zu erhalten war, vgl. Z I, 109, Anm. 4 - Eier waren also weiterhin verboten.

61) vgl. auch Locher, Zwinglische Reformation, 95-98.

62) Die Zeugenaussagen hierzu sind unterschiedlich: Die Zahl 10-12 stammt von der Magd des Buchdruckers, Barbel von Arm, die die Würste auch besorgen mußte. Sie nennt aber nur die Namen von Aberli, Hottinger und Hochrütinger, vgl. Egli, Aktensammlung, Nr. 233, II., 74. Elsi Flammer, eine andere Magd des Buchdruckers, die in seinem Auftrag die Würste gekocht hatte, spricht von drei Personen: Leo Jud, Barthlime Pur, Michel Hirt; später hätten noch Rebknechte des Buchdruckers ebenfalls mitgegessen (vgl. a.a.O., I.1.a., 72). Barthlime Pur nennt: Huldrych Zwingli, Leo Jud, Lorenz Keller, Heini Aberli, Michel Hirt, Konrad Luchsinger, Konrad Escher (vgl. a.a.O., I.1.c., 72). Darüber hinaus vermerkt das Protokoll noch weitere Namen: der junge Strehlmacher, der Fröwiller, Hans Uli, Wolfgang (Ininger), „sunst noch ein steinmetz", (Hans?) Ockenfuss (vgl. a.a.O., II., 74).

63) vgl. Egli, Aktensammlung, Nr. 233, I.1.+II., 72f.,74.

Rat protokollierten Aussage, dass Zwingli - im Gegensatz zu seinem Amtsbruder Leo Jud - nicht mitgegessen habe: „...do brächte der trucker harfür zwo (ge)digen würst; die zerschnittind si, und wurde ir jetlichem ein kleins stucki. Das essint si all, usgenommen M. Uolrich Zwingli, lütpriester zum Grossen Münster“[64]. Während der zweiten Züricher Disputation im Oktober 1523 kam Zwingli auf diesen Vorfall zu sprechen. Hier verteidigte er seine Handlung damit, dass es nicht um irgendeine Völlerei gegangen sei, sondern darum, die christliche Freiheit kundzutun.[65] An Zwinglis Verhalten fällt dabei folgendes auf: Er wurde von den Vorgängen wohl überrascht, aber nicht gerade überrumpelt, hatte er doch mit seinen Predigten von der Freiheit des Evangeliums praktisch die Möglichkeit dazu gegeben.[66] Zwingli verhinderte die von Froschauer geplante Provokation nicht. Vielmehr billigte er sie, indem er blieb. Dadurch, dass er selbst kein Fleisch aß, vermied er es aber zu einem Angeklagten zu werden, sondern hielt sich stattdessen die Rolle des Verteidigers offen.[67]

c) Weitere Fastenbrüche und Polarisierungen bis zum Eingreifen des Rates

Die Übertretung der Fastenordnung im Hause Froschauer wurde - nicht zuletzt auch durch die relativ große Zahl der Anwesenden - sehr schnell ruchbar. In der Folge kam es zu weiteren Brüchen der Fastenvorschriften, die zum Streit und zur Polarisierung in der Bevölkerung von Zürich führten. Dabei gehört der Bäcker (Pfister) Heini Aberli zu einem der herausragenden Provokateure. Bereits an Aschermittwoch (5. März) verspeiste Aberli im ‚Zunfthaus Weggen‘ ein Stück Braten.[68] Aberli war auch

64) a.a.O., I.1.c., 72f. und Z II, 778,17-19: „...wiewol ich desselbigen fleischs nit versucht, do es mir schon fürgeleget was zu essen.“

65) vgl. Z II, 778,8-19; hier sagte er u.a. (ebd., 13-17): ...da man dann nit zu wollust des lybs, nit zu ersettigung des buchs, sundern allein zu einer anzeygung christenlicher fryheit, an wenig fleisch gessen ward, damit man got, den allmechtigen, hochgelobt und gebrisen hat, das er uns uß diser babilonischen gefengknus bäpstlicher stricken erlediget und ußgfürt hett,...“

66) So verweist Froschauer in seiner Rechtfertigung dem Rat gegenüber auf das Evangelium und lobt den Prediger Zwingli, vgl. Egli, Aktensammlung, Nr. 234, 74f.; (vgl. auch unten Anm. 81ff.).

67) vgl. auch Locher, Zwinglische Reformation, 97.

68) vgl. Egli, Aktensammlung, Nr. 233, I.2., 73; allerdings widersprechen sich die Zeugenaussagen, vgl. a.a.O., I.2.b., 73.

zugegen, als Hans Kloter und weitere Personen ebenfalls am Sonntag Invokavit ein ‚Winwarm' - Suppe mit Eigelb[69] - aßen.[70] Ebenso waren es Aberli und weitere Leute, die in der Fastenzeit die Augustiner provozierten. So schildert das Verhörprotokoll, dass diese Leute eines Abends in die Kirche des Augustinerklosters gekommen sind, und während man über das Fleischessen in der Fastenzeit redete, „habe Aberli eine Wurst aus dem Busen gezogen, sie zerschnitten und seinen Genossen davon gegeben und auch selbst gegessen"[71]. Es kam zu einer heftigen Auseinandersetzung, in der Aberli den Mönchen vorhielt, den Laienkelch gestohlen zu haben; worauf die Mönche mit dem Vorwurf der ‚Böhmischen Ketzerei' reagierten.[72] Zu den ‚Fleisch-Essern' gehörten auch der Schulmeister zum Großmünster Hans Binder und sein Sohn Jörg (Montag nach Reminiscere, 17. März).[73] Auch Martin Hantler, einer der Arbeiter bei Froschauer, gab zu, Rüben mit Fleisch verspeist zu haben, die ihm Froschauer vorgesetzt habe.[74] Und Heini Leimbacher, Rebknecht am Ötenbach, gestand, mit mehreren Gesellen Eier verzehrt zu haben.[75] Zu Tätlichkeiten kam es zwischen dem Schustergesellen Michel Ferrich aus Würzburg und Jakob Schmid aus Meilen, nachdem sie über das Fleischessen in Streit geraten waren.[76]

Die Erregung war also groß; sie nahm noch zu, als der Plan bekannt wurde, Zwingli zu entführen, woraufhin Anhänger Zwinglis mit der Organisation von Widerstand drohten.[77]

Um den 20. März[78] griffen der Bürgermeister und der ‚Kleine Rat' in die Geschehnisse ein. Sie nahmen Verhöre[79] vor und legten Strafen (Gefängnis und

69) vgl. Locher, Zwinglische Reformation, 96, Anm. 55, 4.
70) vgl. Egli, Aktensammlung, Nr. 233, I.3., 73.
71) vgl. a.a.O., I.4.a., 73.
72) vgl. a.a.O., I.4.b., 73f.
73) vgl. a.a.O., I.5., 74.
74) vgl. a.a.O., I.1.d., 73.
75) vgl. a.a.O., I.6., 74.
76) vgl. Egli, Aktensammlung, Nr. 232, 72; bei diesem Streit spielten wohl auch regionale Ressentiments eine Rolle. (Bei den letzten drei Fällen fehlen die genauen Datumsangaben.)
77) vgl. Egli, Aktensammlung, Nr. 238, 77-80.
78) Zum Problem der Datierung vgl. Locher, Zwinglische Reformation, 96, Anm. 55, 9. (siehe auch Anm. 80).
79) Die oben geschilderten Fälle von Fastenbrüchen entstammen diesen Verhören.

Buße) auf.[80] Ein wichtiges Dokument ist dabei das Rechtfertigungsschreiben Froschauers an den Rat.[81] Froschauer gab darin zu, Fleisch gegessen zu haben, verwies aber auf die Heilige Schrift, die das nicht verbiete.[82] Da sein Handeln nicht wider Gott sei, forderte er den Rat auf, ihn vor der geistlichen Obrigkeit zu beschützen.[83] Er dankte Gott dafür, dass er „eine[r] stadt Zürich so trüwlich versechen mit einem sölichen predicanten, (Uolrich Zwingli), dess(en) man in dem ganzen tütschen land nit verbessern möcht, und (der) lob und eer von Zürich (ist),...“[84]. Froschauers Schrift ist zwar von Zwingli beeinflusst, wohl aber nicht mitverfasst.[85] Die Schrift zeigt sowohl eine große Bibelfestigkeit als auch bürgerlich-zünftiges Selbstbewusstsein.

d) Der Zeitraum vom Halten der Predigt bis zum Erscheinen der Schrift

„Am dritten suntag diser vasten“[86], Oculi (23. März 1522) hielt Zwingli seine eindrucksvolle Predigt über die Freiheit der Speisen. Mit dieser Predigt wollte er seine in Schwierigkeiten geratenen Anhänger verteidigen und deren evangeliumsgemäßes Handeln herausstellen.[87]

Nun spitzte sich die Lage zu. Zunächst ließ der Rat ein Gutachten zur Fastenfrage

80) vgl. Bullinger, Reformationsgeschichte, Bd. 1, 69 und Locher, Zwinglische Reformation, 96, Anm. 55, 9.; Egli legt die Verhörprotokolle (‚Nachgänge‘) (Nr. 232-234) ohne genaueres Datum auf April 1522, siehe auch Anm. 85.

81) Egli, Aktensammlung, Nr. 234, 74f.

82) vgl. a.a.O., v.a. die Punkte 1+7, 74f.

83) vgl. a.a.O., Punkt 5, 75.

84) vgl. a.a.O., Punkt 3, 74.

85) Dabei stellt sich zunächst die Frage nach dem Zeitpunkt der Abfassung. Egli nimmt für die Abfassung des Schreibens den April an, also nach Zwinglis Predigt, die dieser am 23. März gehalten hat. Locher (Zwinglische Reformation, 96, Anm. 55,9.) hingegen vermutet als Zeitpunkt etwa den 21. März, also noch vor der Predigt Zwinglis.
Inhaltlich lassen sich sowohl Übereinstimmungen als auch Widersprüche zwischen Froschauers Schrift und Zwinglis Predigt finden. So führt Froschauer Bibelstellen an, die Zwingli auch verwendet: z.B. Mt 15 = Z I, 124,22ff.; Mk 7 = Z I, 92,6ff.; Lk 11 = Z I, 123,5ff.; I Kor 8 = Z I, 93,21ff. Es gibt aber auch klare Widersprüche: Während Zwingli z.B. darauf verweist, dass der Fastenbruch nur zum Anzeigen der christlichen Freiheit geschehen ist (vgl. Anm. 65), begründet Froschauer ihn praktisch, nämlich unter Hinweis auf die viele Arbeit; um diese bewältigen zu können, sei festere Nahrung von Vorteil, vgl. Egli, Aktensammlung, Nr. 234, Punkt 1, 74; (vgl. auch Anm. 126).

86) Z I, 123,1.

87) vgl. Z I, 91,1-20.

vom Kapitel des Großmünsters samt der drei Leutpriester erstellen. Das Gutachten gibt zwar Zwingli insofern Recht, dass das Fasten nach göttlichem Gesetz nicht geboten ist, dennoch wird wegen des Unfriedens vor einer ungeordneten Abschaffung der Fastengebote gewarnt. Bis zu einer Klärung sollten Übertretungen bestraft werden, und der Rat (!) wurde aufgefordert, die Prediger zu einer entsprechenden Verkündigung zu ermahnen.[88] Interessant ist dabei, dass die Geistlichkeit dem Rat die Kompetenz einräumt, sich mit kirchlichen Dingen zu beschäftigen. Damit förderte die Geistlichkeit selbst die Loslösung Zürichs von der Autorität des Konstanzer Bischofs.[89] So blieb auch der Konstanzer Bischof nicht untätig[90] und entsandte eine Delegation nach Zürich, die sich vom 7. bis 9. April 1522 in der Stadt aufhielt.[91] Ihr gehörten der Weihbischof Melchior Fattlin, der Domprediger Johannes Wanner[92] und der bischöfliche Insiegler Brendlin an. Diese Delegation traf sowohl mit der Geistlichkeit (Großmünsterstift, Leutpriester) als auch mit den politischen Repräsentanten (Kleiner und Großer Rat)[93] zusammen. Die Abordnung sollte sich eigentlich nur auf Ermahnungen und Warnungen beschränken; dies misslang aber völlig. Die Delegation wollte ursprünglich eine Auseinandersetzung mit Zwingli vor dem Großen Rat, in welchem dieser eine bedeutende Anhängerschaft besaß,

88) vgl. Egli, Aktensammlung, 235, 75f.

89) Dabei ist diese Haltung so ungewöhnlich nicht: Es lässt sich seit dem späten Mittelalter feststellen, dass einzelne Organe der städtischen Bürgerschaft unmittelbar geistlich-kirchliche Verantwortung wahrnahmen, vgl. Moeller, Reichsstadt und Reformation, 12-15 und 72-75. (Vgl. auch das (mutmaßliche) Ratsmandat von 1520, s.o. I.1.).
Dennoch zeichnet sich hier bereits eine Eigenart der Schweizer Reformation ab. In der weiteren reformatorischen Entwicklung bekam das Stadtregiment die Entscheidungsbefugnis auch über kirchliche Fragen; die Inhaber kirchlicher Ämter waren automatisch auch Mitglieder der Stadtregierung. Die Situation in Genf unter Calvin ist dafür ein interessantes Zeugnis, vgl. Kingdon, Art. Genf, TRE 12, 369-371.

90) Der Konstanzer Bischof wandte sich bereits am 22. März an die Zürcher Geistlichkeit. In seinem Schreiben forderte er die Priester dazu auf, die Bevölkerung zu ermahnen, ihre ‚Sünden' zu beichten. Dabei erwähnt er u.a. ausdrücklich das Fleischessen an verbotenen Tagen (... qui carnes diebus prohibits comederunt...), vgl. Egli, Aktenstücke, Nr 229, 70f.

91) Zwingli hat über die Verhandlungen einen Bericht abgefasst (‚Acta Tiguri 7.8.9. diebus aprilis 1522', Z I, 142-154).

92) Wanner, zunächst Vertrauter des Bischofs, wurde später zu einer Hauptstütze der evangelisch gesinnten, vgl. Z I 142, Anm. 5.

93) Der ‚Kleine Rat' war die eigentliche Regierung der Stadt Zürich. Er stand zu dieser Zeit der evangelischen Bewegung um Zwingli noch ablehnend gegenüber. Im ‚Großen Rat' oder die ‚Zweihundert' hatten die Zünfte eine starke Stellung, vgl. Z I, 137f. Zur genauen Zusammensetzung des ‚Großen Rates' vgl. Z I, 143f. Anm. 3.

vermeiden. Der Große Rat setzte jedoch die Teilnahme Zwinglis an der Disputation durch. Zwingli konnte so seinen Einfluss noch weiter steigern.[94] Die abschließende Vereinbarung mit der Delegation an den Bischof von Konstanz verurteilt zwar den Fastenbruch, erklärt aber gleichzeitig die Vorläufigkeit dieses Votums. Der Bischof wird ersucht, mitzuhelfen, dass Papst, Bischöfe und Konzilien Entscheidungen treffen, „wie und welcher gstalt man sich in sölichem fal halten sölle, dardurch wider die satzungen Cristi nit gehandlet werde...“[95]. In einem Mandat des Rates wurde die Bevölkerung dazu verpflichtet, die alte Ordnung - also konkret die Fastengebote - weiterhin, bis auf weitere Entscheidungen, einzuhalten. Er untersagte jedoch nicht grundsätzlich die evangelische Predigt, wollte aber Zank und Hader vermieden sehen.[96] Das Mandat wurde am Sonntag Palmarum (13. April 1522) in den Kirchen Zürichs verlesen.[97]

Kurz darauf erschien Zwinglis Predigt ‚Von erkiesen und fryheit der spysen‘ im Druck. Sie wurde um den Anhang ‚Ob iemand die spysen gwalt hab ze verbieten‘[98] erweitert und trägt das Datum 16. April 1522, dem Mittwoch vor Ostern. Zwingli widmete sie „Allen frommen Christenmenschen zu Zürich“[99].

94) vgl. Locher, Zwinglische Reformation, 97. Zur Argumentation Zwinglis vor dem Großen Rat vgl. z.B. zur Frage der Zeremonien Z I, 149,39-150,9 und zur Frage der Ekklesiologie Z I, 152,5-22.

95) vgl. Egli, Aktensammlung, Nr. 236, 76f.

96) vgl. a.a.O., Nr. 237, 77.

97) So der 2. Punkt in dem Schreiben an den Bischof in Konstanz, vgl. Egli, Aktensammlung, Nr. 236, 77.

98) Z I, 134,3-136,10. Diesen Teil hat Zwingli wohl infolge der Diskussion der eigentlichen Predigt hinzugefügt, vgl. Z I, 76; vgl. Z I 136,1-10 und 134,1-3.

99) Z I, 88,4f.

II.) Die Schrift ‚Von erkiesen und fryheit der spysen'

1.) Einleitung

Obwohl Zwinglis Schrift ‚Von erkiesen und fryheit der spysen' (Z I, 88-136)[100] im weitesten Sinne eine Gelegenheitsschrift (s.o.) ist und daher einen situationsbedingten Charakter hat, fallen doch ihr strenger Aufbau und ihre gedankliche Ordnung auf. Zwinglis Hauptintention ist es, die Freiheit des Christen von menschlichen Geboten und Satzungen, die den Gläubigen als göttliche aufgezwungen werden, herauszustellen. Die besondere Stärke dieser Schrift ist es - natürlich bedingt durch die Kontroversen, aus denen heraus sie entstanden ist - alle denkbaren Aspekte, die sich in diesem Zusammenhang ergaben, berücksichtigt und behandelt zu haben. Dies bedeutet aber gleichzeitig auch, dass Zwingli hier nicht seine gesamte Theologie dargelegt hat, zumal diese Schrift noch am Anfang seiner reformatorischen Abhandlungen steht und er seine Theologie in den folgenden Jahren noch weiterentwickelt hat.

Zum methodischen Vorgehen sei bemerkt: Vor der Analyse seines Verständnisses von christlicher Freiheit - angesichts der besonderen Problematik der Fastenfrage - wird zunächst auf die Themen ‚Schriftverständnis', ‚Geist', ‚Glaube' und ‚Gewissen' eingegangen, da sie für die Argumentation in der Theologie Zwinglis konstitutiv sind. Das Thema Christologie wird dann im engeren Zusammenhang der Exegese der Freiheitsschrift behandelt. Angesichts der Situationsbedingtheit dieser Schrift kann selbstverständlich nicht die gesamte Breite der Theologie Zwinglis dargestellt werden.[101] Vielmehr sollen die wichtigsten Themen anhand der Freiheitsschrift verdeutlicht werden. Wegen der häufigen Verklammerung von Themen konnten Wiederholungen nicht ganz verhindert werden.

---

100) Die Seiten- und Zeilenangaben *im Text* beziehen sich im Folgenden immer auf Zwinglis Schrift ‚Von erkiesen und fryheit der spysen', zitiert nach ‚Huldreich Zwinglis sämtliche Werke, Band 1' (Band 88 des Corpus Reformatorum).

101) vgl. Hamm, Zwinglis Reformation der Freiheit, 6f. Hamm sieht 1523 alle Züge des Freiheitsbegriffes bei Zwingli ausgebildet. Hamm systematisiert in seinem Buch den zwinglischen Freiheitsbegriff unter Betrachtung der ganzen Breite dessen Schriften.

2.) Elemente der Theologie Zwinglis in seiner Freiheitsschrift

a) Das Prinzip ‚sola scriptura' in Zwinglis Theologie

Die Methode Zwinglis, seine Auffassung anhand genauer Bibelexegese zu belegen, zeigt die Basis für die Argumentation in seiner Theologie: das Prinzip ‚sola scriptura', allein die Heilige Schrift und nicht die kirchliche und damit menschliche Tradition der Kirche. In diesem Zusammenhang ist auch die Polemik gegen Aristoteles und damit gegen die scholastische Theologie zu verstehen (vgl. 98,3-6). Zwingli kann sogar so weit gehen, dass er denen, die die alleinige Autorität der Schrift leugnen, das Christsein abspricht (99,1-7). Den Umgang mit der Heiligen Schrift als eigenständige Argumentationsbasis lässt den von Erasmus beeinflussten Humanisten Zwingli erkennen. Gleichwohl wird in der Freiheitsschrift eine Abkehr, oder besser Weiterentwicklung von erasmischem Bibelhumanismus und Hermeutik deutlich (s.o. I.2.a). Dies lässt sich v.a. an der Stellung des Heiligen Geistes als Autor und Ausleger der Schrift festmachen und damit an der Auffassung der Selbstauslegung der Schrift.[102]

b) Wort und Geist

Ein wichtiger Aspekt in Zwinglis Freiheitsschrift, die Vorstellung vom Wirken des Heiligen Geistes, ist damit angesprochen. Ansatzweise ist zwar bereits der „pneumatische Charakter der Theologie Zwinglis"[103] erkennbar, doch legt er in dieser frühen Schrift noch nicht seine vollständige Lehre vom Heiligen Geist dar. So ist die Erwählung durch den Geist - die ‚Prädestinationslehre' - noch kein Thema.[104] In der

102) Zum ersten Mal entfaltet Zwingli seine Hermeneutik in ‚Apologeticus Archeteles'. In seiner etwa zur gleichen Zeit verfassten Schrift ‚Von Klarheit und Gewissheit des Wortes Gottes' wird auch der soteriologische Zweck der Schrift deutlich: „Dann das ist gewüß, mag nit fälen; es ist heiter, laßt nit in der finsternis irren; es leert sich selbs, thut sich selb uff unnd beschynt die menschlichen seel mit allem heil und gnaden, macht sy in got vertröst,..." (Z I, 382,24-27). Gelegentlich vertritt er auch die Verbalinspiration, vgl. z.B. Z IV, 841,9-22.

103) Locher, Zwinglische Reformation, 208.

104) Ausdrücklich behandelt er dieses Thema erst in seinen späteren Schriften ‚In catabaptistarum strophas elenchus' (1527), ‚Fidei ratio' (1530), ‚De providentia dei' (1530). Hier begründet er seine Erwählungslehre konsequent mit der absoluten Freiheit Gottes, Menschen zu erwählen und zu verwerfen.

Freiheitsschrift betont Zwingli vielmehr die Rolle des Heiligen Geistes als Ausleger der Schrift. Für Zwingli besteht eine Konformität des Heiligen Geistes - den er auch als Geist Gottes bezeichnen kann - mit der Schrift. Der Geist ist Autor und Interpret der Heiligen Schrift; auf diese Weise wird der Geist mit Hilfe der Schrift im Innern des Menschen wirkmächtig. Zwingli schreibt daher zu Beginn seiner Schrift: „Darumb lesend und verstond, thund uff die ougen und oren des hertzens und losend (lauschet) und sehend, was uns der geist gottes sag" (91,20-22). An anderer Stelle seiner Freiheitsschrift stellt Zwingli die Wirkung des Heiligen Geistes dem Hochmut der Menschen, die meinen, durch eigene Gebote Gott zu gefallen, als die bessere Weise gegenüber: „Ja, wo es kumpt von dem leyten und insprechen deß geists gottes, ist es ungezwyflet gut; wo es aber kumpt allein uß der vorcht des menschlichen gebots und für ein götlich gebott geschetzt wirt oder darin vertruwt, und der mensch im selbs anhebt darus ze gefallen, ist nit nun nit gut, sunder ouch schädlich, du lerest denn mich uß der gschrifft, das unser erfindungen mussind got gefellig sin" (127,6-11). Daran wird erkennbar, dass der Geist für die Bestimmung und Erlangung der Freiheit eine wichtige Rolle spielt. Zwingli unterscheidet zwischen äußerem Wort (verbum externum) und innerem Wort (verbum internum) des lebendigen Geistes.[105] Er fasst die Heilige Schrift als geistliches Wort auf; sie ist Buchstabe gewordenes Zeugnis vom Wirken des Geistes in den Propheten und den Aposteln. Daher ist sie - genau wie das gepredigte Wort - Zeichen eines geistlichen Sinngehaltes. Da aber

---

So ist die Erwählung nicht eine Folge des Glaubens, sondern umgekehrt, der Glaube ist Folge und Zeichen der Erwählung und daher Gottes freie Gabe, vgl. Hamm, Zwinglis Reformation der Freiheit, 38f. Gott ist natürlich auch frei, Heiden zu erwählen. So kann sich Zwingli freuen, im Himmel frommen Heiden wie Seneca oder Sokrates zu begegnen, vgl. Locher, Grundzüge der Theologie Huldrych Zwinglis im Vergleich mit derjenigen Martin Luthers und Johannes Calvins, Zwing. 12, 508. Dies bedeutet aber gleichzeitig auch, dass der Mensch Gott gegenüber nicht die Freiheit besitzt, auf die Erwählung Einfluss zu nehmen.

In diesem Zusammenhang kann auch auf Zwinglis Auffassung von der Taufe verwiesen werden, die er allerdings in seiner Schrift nur kurz anspricht: „...also sind wir ouch im touff, das ist im glouben, von allen (...) erdachten ceremonien (...) erlößt,..." (Z I, 131,1f.). Der Akt der Taufe ist für Zwingli also nichts Äußerliches, sondern ein allein im Menschen ablaufender Vorgang, der durch den Glauben erfahrbar wird.

105) Zum unterschiedlichen Schriftverständnis bei Luther und Erasmus auch Zwingli gegenüber vgl. zum einen Luther, De servo arbitrio, WA 18, 606,1-609,14 und 652,23-661,28 und zum anderen Erasmus, De libero arbitrio, Ia7 und Ib5 (5f. und 15f.).

dieses Wortzeichen an die Kreatur gebunden ist, „hat es nicht das schöpferische Vermögen, selbsttätig und befreiend diesen Sinngehalt in das Erkennen und Wollen des Menschen hineinzubringen“[106]. Das bedeutet, dass das äußere Wort zeichenhaft ist. Es kann weisen und belehren, aber nicht wirken und bekehren. Letzteres vermag nur Gott allein als ‚creator spiritus‘ im Inneren des Menschen. Er öffnet die Herzen der Leser und Hörer und erschließt ihnen den Sinngehalt des äußeren Wortes. Damit wird ihnen ein erleuchtetes Lesen und Hören ermöglicht. Das innere Wirken des Geistes selbst - durch den die Seele des Menschen von seiner Todverfallenheit weg zum alleinigen Vertrauen auf Gott und Christus gelenkt wird - ermöglicht somit erst die Freiheit.[107]

c) Der Glaube

Als ein weiteres Kennzeichen der reformatorischen Theologie bei Zwingli spielt freilich der Glaube eine große Rolle. In seiner Freiheitsschrift bedeutet für Zwingli richtiger, fester Glaube, dass die Menschen ihr Vertrauen, ihren Trost und Zuversicht auf Gott allein legen sollen. Die Vorstellung, der Mensch könne durch eigene Werke zur Seligkeit gelangen, ist für Zwingli Zeichen des Unglaubens (95,9-15). Im Zentrum seiner Freiheitsschrift steht daher die Frage, auf wen der Mensch sein Vertrauen setzt, auf eigene Gesetze oder auf Gott bzw. Christus. Der Gedanke der Prädestination ist noch nicht erkennbar,[108] zumindest setzt Zwingli die Ungläubigen nicht mit Nichterwählten gleich, da er ja davon ausgeht, dass Menschen, die nicht den

106) vgl. Hamm, Zwinglis Reformation der Freiheit, 29. Zwingli steht damit der Auffassung Luthers entgegen. Luther vertritt die Meinung, dass das äußere Wort selbst geistmächtig ist. Es bleibt aber nicht außen, sondern geht in den Menschen ein. Das äußere Wort wird selber inneres Wort, es ist des Herzens mächtig und erweist sich eben darin als Gottes Wort. Der Heilige Geist wirkt nicht allein, nicht ohne das Wort, sondern durch das Wort im Worte. Vgl. WA 9, 632,25; 633,2, vgl. auch Althaus, Theologie Martin Luthers, 44 und CA 5. Für Zwingli ist diese Art der Auffassung des Heiligen Geistes eine subtile Form der Kreaturvergötterung, quasi eine Vergötzung des menschlichen Wortes; (vgl. auch Hamm, Zwinglis Reformation der Freiheit, 28). Luther seinerseits konnte diese Auffassung - des unmittelbaren Wirkens des Geistes - nur als Schwärmerei verstehen, vgl. Althaus, Theologie Luthers, 43. (An dieser Stelle wird ein grundsätzlicher Unterschied zwischen der zwinglischen und der lutherischen Reformation deutlich: Nach Zwingli kann sich nie Göttliches mit Kreatürlichem verbinden. In dieser Konsequenz lehnt Zwingli z.B. auch Luthers Konsubstantiationslehre des Abendmahles ab.)

107) vgl. Hamm, Zwinglis Reformation der Freiheit, 29f.

108) siehe oben und Anm. 104.

richtigen Glauben haben - die nämlich ihr Vertrauen auf eigene Werke setzen - durch Belehrungen diesen finden können (vgl. dazu den Abschnitt „Von abthun der ergernus“ (120,15-126,6)). Für Zwingli ist es unter Berufung auf Geist und Glaube daher auch möglich zu fasten; so schreibt er: „Vaste ieder so dick in der geist eins rechten gloubens manen wirt. Das aber wir uß dem gsatzt Christi alle zyt fry syen...“ (99,15-17).

d) Die Freiheit des Gewissens

Parallel zur Frage des Glaubens ist für Zwingli auch die Gewissensfrage von großer Wichtigkeit. Für Zwingli ist das Gewissen - er gebraucht meistens das aus dem Lateinischen genommene Wort ‚Conscientz‘[109]- der Ort der Freiheit im Individuum. Damit spricht Zwingli den Innenaspekt der Freiheit an.[110] Für Zwingli steht fest, dass kirchlich-menschliche Gebote das Gewissen der Menschen belasten, da sie den Menschen einreden, es sei Sünde gegen diese menschlichen Gebote zu verstoßen; auf diese Weise werden die Menschen in der eigentlich durch Christus ermöglichten Freiheit wieder eingeschränkt (104,25-105,16). Die Entscheidung, Speisen zu essen bzw. menschliche Gebote zu halten, überlässt er der eigenen Entscheidung jedes Menschen. Aus dieser individuellen Freiheit heraus lehnt er es daher ab, sein Gewissen von einem anderen beurteilen zu lassen (117,23-27). Die freie äußere Handlung fußt damit auf der Freiheit des - inneren - Gewissens. Mit gleicher Konsequenz - nämlich aus Rücksicht auf das seiner Meinung nach schwache Gewissen (‚blöden conscientz‘) derer, die die Speisegebote einhalten - fordert er Zurückhaltung dem Nächsten gegenüber (116,30-117,11). Die Verteidigung der Gewissensfreiheit ist auch ein Hauptmotivationspunkt für seine Predigt. So will er deutlich machen, dass die Leute, die die Fastengebote übertreten haben, „nit mutwiller oder geyl possen, sundern eersame lüt und guter conscientz sind“ (91,5f.).

109) z.B. in Z I 91,13; 95,21; 105,15; 116,15; 118,6 u.ö.. Gelegentlich verwendet Zwingli parallel zu ‚Conscientz‘ auch den Begriff ‚gemüt‘ (Z I, 91,13; 97,2). In Z I, 116,33 benutzt er das Wort ‚gewüßne‘ und in einer Übersetzung von Tit 1,15 in Z I, 96,23 das Wort ‚gmüt‘ neben dem Begriff ‚gewüßny‘.

110) vgl. Hamm, Zwinglis Reformation der Freiheit, 6 und 63.

3.) Das Verständnis der christlichen Freiheit in Zwinglis Schrift ‚Von erkiesen und fryheit der spysen'

a) Der Aufbau der Schrift

Zwinglis Schrift trägt den Charakter einer wohlüberlegten, präzise formulierten wissenschaftlichen Abhandlung und sticht durch ihre sorgfältige exegetische Arbeit hervor. Jedes Urteil begründet Zwingli anhand von biblischen Beispielen, meistens aus Worten und Gleichnissen Jesu oder aus Paulusbriefen, aber auch anhand von Prophetenworten - v.a. aus dem Jesajabuch - und Psalmen.[111] Zwingli hat seine Schrift in fünf Hauptteile gegliedert.

In seiner *Einleitung* geht Zwingli zunächst auf die aktuelle Situation der Fastenfrage ein, die ihn zum Halten der Predigt und zur Abfassung der Schrift veranlasst hat.

Im *ersten, umfangreichsten Teil* seiner Schrift (91,23-107,11) weist Zwingli mit Hilfe ausführlicher Exegese von Bibelstellen (s.u.) nach, dass es keine an der Heiligen Schrift belegbaren göttlichen Gebote für das Fasten gibt.

Im *ersten Abschnitt* dieses Teiles (91,23-99,7) geht er auf die Frage der Reinheit oder Unreinheit der Speisen ein. Anhand von insgesamt neun Bibelstellen[112] belegt Zwingli, dass es keinen schriftgemäßen Grund für die Aufstellung besonderer Fastenregeln gibt.

Im *zweiten Abschnitt* dieses Teiles (99,8-106,7) führt Zwingli den Schriftbeweis zur Frage der Auswahl bestimmter Zeiten und Tage für Fastenübungen, mit dem Ergebnis, dass durch das Gesetz Gottes keine Einschränkungen gemacht werden.

In seinem abschließenden kurzen *dritten Abschnitt* (106,8-107,11) geht Zwingli auf den Vorwurf der Gegner ein, dass durch die von ihm vertretene Auffassung sich nun

---

111) Das Matthäus-Evangelium steht wegen der Worte und Gleichnisse Christi, das Johannes-Evangelium wegen der Christologie, die Paulusbriefe wegen der Gnadenlehre im Mittelpunkt der zwinglischen Argumentation, vgl. Locher, Grundzüge der Theologie Huldrych Zwinglis im Vergleich mit derjenigen Martin Luthers und Johannes Calvins, Zwing. 12, 483.
Dabei muss natürlich beachtet werden, dass Zwingli hier noch nicht mit Hilfe der historischen Kritik argumentieren kann. Er hält daher nichtpaulnische Briefe für paulinisch, z.B. den Titus- und den Hebräerbrief (vgl. Z I, 96f.).

112) siehe unten und Anm. 115.

niemand mehr an die Fastengebote halten werde. Zwingli lehnt diese Argumentation ab, indem er wiederum auf die Freiwilligkeit des Fastens verweist. So fasst er seine Meinung kurz und prägnant zusammen: „Summa, das ichs kurtz mach: Wiltu gerne vasten, thu es; wiltu ger das fleisch nit essen, iß es nüt, laß aber daby den Christenmenschen fry“ (106,15-17).

Im *zweiten Teil* der Schrift, den er „Vom gbott der menschen“ (107,12-111,10) nennt, belegt Zwingli, dass die Fastengebote nicht göttliche, sondern nur menschliche Gebote sind.

Damit leitet Zwingli zu seinem *dritten Teil* über, in dem er unter der Überschrift „Von ergernus oder verbösrung“ (111,11-120,14) auf die aktuelle Situation anspielt. Zwingli unterscheidet zwei Arten der Ärgernisse. Zum einen: ein Mensch erregt Ärgernis bei anderen, die sich daraufhin z.B. durch Richten versündigen. Zum anderen verweist er auf einen Menschen oder auch eine Gruppe, die sich - für ihn objektiv - in einem schlechten Stand befinden und von daher für Ärgernis sorgen. Es liegt nahe zu vermuten, dass Zwingli hier v.a. die Mönche und den Bischof meint. Zwingli fordert die Menschen auf, nicht zum Ärgernis für andere zu werden und - im Sinne von Römer 14f. - Rücksicht auf die Schwachen im Glauben zu nehmen.

In dem *vierten Teil* seiner Schrift, den er „Von abthun der ergernus“ (120,15-126,6) überschreibt, kommt er zu der Feststellung, dass es auf Dauer nicht gut sei, wegen möglicher Verärgerung die eigene, an der Bibel gewonnene und daher für richtig empfundene Über-zeugung zu verdrängen und nachzugeben. Stattdessen sollen die Leute konkret im biblischen Sinne belehrt werden. Zum Schluss fasst Zwingli seine Meinung in 10 Thesen zusammen.

Im *fünften Teil*, „Von erger werden an guten sitten“ (126,7-134,2), setzt sich Zwingli mit dem Vorwurf seiner Gegner auseinander, dass das sittliche Niveau Schaden erleidet, wenn die guten Werke nicht mehr heilsnotwendig sind. In seinem sechsten Teil fasst Zwingli in 16 Punkten noch einmal seine Meinung unter der Überschrift „Ob ieman die spysen gwalt hab ze verbieten“ (134,3-135,32) zusammen.

Zum *Ende* (136,1-10) seiner Schrift stellt Zwingli fest, dass die geistlichen Oberen kein Recht haben, Gesetze zu erlassen; wenn sie es dennoch tun, sündigen sie. Zwingli will sich zwar jedes Urteils enthalten, möchte aber denen, die nach christlicher Freiheit dürsten, dieses mitgeteilt haben, ohne Furcht vor dem Unwillen zu haben, der ihm daraus erwachsen könnte.

b) Das Freiheitsverständnis Zwinglis in der Fastenfrage

b.a) Das Evangelium als Grund für die Freiheit

Zu Beginn seiner Schrift bemerkt Zwingli zunächst, dass die Bevölkerung seit vier Jahren das Evangelium, welches er ihnen predigt, „so durstig gehört" habe (88,10-12). Er stellt dar, dass er versucht habe, ihnen die evangelische Lehre und Freiheit nahezubringen und zwar so, dass ihnen, nachdem sie „die süsse des himelischen brots" gekostet haben, „dhein andre spyß menschlicher leer" mehr schmeckt (89,2-6).[113] Zwingli stellt also gleich zu Beginn seiner Schrift klar, dass das Evangelium als himmlisches (göttliches) Wort unmittelbar gültig und der menschlichen Lehre überlegen ist. An einer anderen Stelle sagt Zwingli auf dem Hintergrund des Christusgeschehens: „Nun ist das euangelium nüt anders, dann die gut botschafft der gnaden gottes" (97,28f.).

Auf die Unruhe, die durch den Fastenbruch entstanden ist, geht er ein, indem er zugibt, dass es für die Gläubigen nicht einfach gewesen ist, von der alten - von den Menschen über Generationen verinnerlichten und von der Scholastik geprägten - Lehre Abstand zu nehmen und die reine - nun von Zwingli gepredigte - evangelische Lehre für sich als richtig anzunehmen. Zwingli verteidigt die, welche das Fastengebot gebrochen haben, mit der Feststellung, dass dies nicht eine Sache libertinistischer Lebensauffassung oder reine Lust zur Provokation sei, sondern die Wirkung des durch die Predigt über Jahre hindurch lautgewordenen Bibelwortes. Auch mussten sie annehmen, dass sich niemand mehr über die Übertretung der Fastengebote aufregen würde, wenn dies als Ausdruck christlicher Freiheit geschehen würde. Eine

113) Siehe auch die Argumentation Froschauers in seiner Rechtfertigung gegenüber dem Rat, vgl. Egli, Aktensammlung, Nr. 234, 74f.

gewaltsame Durchsetzung der Reformation hat Zwingli somit nicht gemeint.

Um dieses Problem deutlich zu machen, greift er auf die Exodusgeschichte - in der ja das Problem der Freiheit in einem großen Facettenreichtum deutlich wird - zurück. Analog zum schwierigen Auszug des Volkes Israel aus Ägypten sieht er die neue Situation der Menschen, da längst noch nicht alle die Freiheit des Evangeliums richtig zu nutzen wissen. Dennoch sieht Zwingli inzwischen den Erfolg seiner Predigt über die Freiheit des Evangeliums, welche auch durch Gedichte und Disputationen weitergetragen und ins Bewusstsein breiter Gruppen der Bevölkerung eingedrungen ist.[114] Zwingli nimmt nun die Tatsache auf, dass sich einige Leute - zum Teil aus echter Betroffenheit - zum Teil geheuchelt - über den Bruch des Fastengebotes geärgert haben. Aus diesem Grund habe er diese Predigt gehalten, um mit dem Zeugnis der Bibel als ein Licht in der Finsternis den Menschen Orientierung zu geben (89,2-90,19).Zwingli macht deutlich, dass er aus Verantwortung den Menschen und dem Evangelium gegenüber handeln musste. Er versteht seine Funktion als Hirte, der die Schwachen stärken und die Starken behüten soll. Es ist ihm wichtig darzustellen, dass die, die das Fastengebot übertreten haben sehr wohl besten Gewissens und nicht mutwillig gehandelt haben, ehrbare Leute und nicht etwa übermütige Burschen sind, wie von den Gegnern behauptet wird (90,19-91,20).

b.b) Die Frage nach der Reinheit und Unreinheit der Speisen

Zwingli erörtert die Frage nach der Reinheit oder Unreinheit der Speisen anhand von Mt 15,17 und Act 10,10ff und weiteren Beispielen[115]. Er verdeutlicht, dass für die

---

114) Ein Beispiel hierfür ist die Darstellung der ‚Göttlichen Mühle‘ aus dem Jahre 1521, vgl. Hamm, Zwinglis Reformation der Freiheit, VIf.

115) Es sind diese: Mt 15,17 mit der Parallelstelle Mk 7,15: „Merkt ihr nicht, dass alles, was zum Mund hineingeht, das geht in den Bauch und wird danach in die Grube ausgeleert?“ (‚Von Reinheit und Unreinheit‘); Act 10,10ff: ‚Die Petrus-Vision über die reinen und unreinen Tiere‘; I Kor 6,12f: „Alles ist erlaubt, aber nicht alles dient zum Guten...“ (‚Der Leib als Tempel des Heiligen Geistes‘); I Kor 8,8: „Aber Speise wird uns nicht vor Gottes Gericht bringen.“ (‚Vom Essen des Götzenopferfleisches‘); I Kor 10,25: „Alles, was auf dem Fleischmarkt verkauft wird, das eßt, und forscht nicht nach, damit ihr das Gewissen nicht beschwert.“ (‚Rücksicht auf das Gewissen‘); Kol 2,16: „So lasst euch nun von niemandem ein schlechtes Gewissen machen wegen Speise und Trank oder wegen eines bestimmten Feiertages, Neumondes oder Sabbats.“ (‚Warnung vor den Irrlehrern‘); I Tim 4,1-5: „...alles, was Gott

Christen alle Speisen erlaubt sind, weil Gott in seiner Schöpfung, die er den Menschen gegeben hat, alles recht gemacht hat. Natürlich weiß er auch um die Speisegebote bzw. Speiseverbote des Alten Testamentes, die aber seit Christus für Christen nicht mehr gelten (91,23-93,9 und 96,1-7).

In der Auslegung zu Kol 2,16 stellt Zwingli fest, dass niemand wegen der Speise, die er zu sich nimmt, verurteilt werden darf. Etwas übertrieben, aber in seiner Auffassung konsequent, geht er sogar soweit, dass jeder Mensch die Freiheit habe - wenn er möchte - sogar Kot zu essen. Generell wichtig sei nur, dass nur so viel gegessen werde, wie es für die Erhaltung des Lebens notwendig sei; übertriebene Völlerei hingegen lehnt er ab (94,20-27).

Zwingli lehnt die Gebote und Zeremonien der Menschen - wozu für ihn auch die Bilder- und Heiligenverehrung zählen[116] - ab. Stattdessen fordert er die Menschen zur Dankbarkeit Gott gegenüber für die geschenkte Nahrung auf (96,6-17). Die Einschränkung der Freiheit durch Menschen, welche das Verhältnis der Menschen zu Gott stören, sieht er als Einflüsterung des Teufels (95,28-30). Gerade die Verbindung des Haltens von menschlichen Geboten mit dem Erwerb der Seligkeit ist für Zwingli als Zeichen des menschlichen Hochmutes Sünde wider Gott (96,5f. und 104,25-105,1). Daher kritisiert Zwingli die Mächtigen (gemeint sein dürften wohl der Papst, die Bischöfe, aber auch der Rat der Stadt Zürich, der beim Fastenstreit ja involviert war (s.o.)), die durch Christus ermöglichte Freiheit der Bevölkerung nicht mitgeteilt zu haben. Zwingli moniert, dass die Theologen besser über Aristoteles Bescheid wissen als über das Evangelium und die Briefe des Paulus. Daher ist seine vordringlichste Aufgabe, anhand dieser Schriften den Beweis gegen irgendwelche Einschränkungen der Freiheit der Speisen zu führen. So könne denn auch kein Christ gegen die aufgeführten biblischen Beispiele etwas einwenden, „er welle dann sich

geschaffen hat, ist gut, und nichts ist verwerflich, was mit Danksagung empfangen wird; denn es wird geheiligt durch das Wort Gottes und Gebet." (‚Falsche Enthaltsamkeit'); Tit 1,10: „Denn es gibt viele Freche, unnütze Schwätzer und Verführer,..." (‚Gegen die Irrlehrer'); Hebr 13,9: „... es ist ein köstlich Ding, dass das Herz fest werde, welches geschieht durch Gnade, nicht durch Speisegebote, von denen keinen Nutzen haben, die damit umgehen." (‚Letzte Ermahnungen').

116) vgl. dazu z.B. die Artikel 19-21 der 67 Artikel Zwinglis zur ersten Zürcher Disputation (Z I, 460,11-17).

mit verleugnen der gschrifft bschirmen, er ist aber denn dhein Christ mer, so er der christlichen leer nit gloubt,..." (99,2-4). Dennoch kann Zwingli für seine Begründung ein „heidisch argument" - nämlich gerade von Aristoteles[117] - anführen (98,5-20): In gleicher Weise wie Aristoteles die Indifferenz des Geldes lehrt, so ist auch die Speise weder gut noch böse. Wichtig ist eben nur, dass der Mensch die Güter der Welt nicht „mit unmaß oder ungloubnus brucht" (98,20). Zwingli gibt hier der Frage nach dem rechten Gebrauch der Speisen eine ganz andere Basis als die menschlichen Gebote des Fastens. So sehr er in diesem Fall die Freiheit postulieren kann, so hat seine Auffassung nun zwei Gesichtspunkte. Zum einen der soziale Aspekt: Speisen sollen nur in dem Maße genossen werden, wie sie für das Überleben - Zwingli spricht von ‚Notdurft' - notwendig sind, Völlereien lehnt er ab. Der Hintergrund dürfte wohl der sein, dass auf diese Weise Menschen Nahrung vorenthalten wird, während andere über ihre Maßen diese gebrauchen. Zum anderen hat Zwingli das Verhältnis Mensch - Gott im Blick. Nahrung soll im Glauben an Gott, der sie für den Menschen geschaffen hat, genossen werden; weil sie von Gott kommt, kann sie auch nicht schädlich sein.

b.c) Die Freiheit von bestimmten Zeiten

Zunächst führt Zwingli die Perikope Mk 2,23-28 über das „Ährenraufen am Sabbat" an. Hier verdeutlicht er das Wort Jesu: „Der Sabbat ist um des Menschen willen gemacht und nicht der Mensch um des Sabbats willen" (Mk 2,27).
Er argumentiert, dass Christus zur Befriedigung der Notdurft - hier des Hungers - sogar die Übertretung eines göttlichen Gesetzes - in diesem Fall das 3. Gebot[118] - erlaubt. Daher stellt er fest, dass die Zeit, genau wie jeder Mensch, eigentlich Diener Christi ist und lehnt aus diesem Grund die Machtverhältnisse in der Kirche ab: „Es söllen ouch den Christen dieselben zudiener nit obligen, als halsherren gebieten, sunder allein bereit sin der dienstbargheit und gutem der Christenmenschen,..."

117) Aristoteles, Ethica Nicomachea, l. IV, c. 1; 65,38-66,2.
118) nach lutherischer Zählung, vgl. BSLK 508.

(101,13-16). Des weiteren verweist Zwingli darauf, dass die Menschen durch den Geist Gottes dessen Gnade und Liebe erkennen, die dem Menschen immer zugeneigt sind. Da Christus immer für seine Jünger gesorgt hat, sei es am Sabbat oder nach der Aussendung (Lk 22,35f.), plädiert Zwingli dafür, dass nun jeder Mensch, wenn er notwendige Speisen benötigt, die Freiheit hat, diese auch essen zu können und zwar jederzeit, nicht erst wenn er in Lebensgefahr ist. Ausdrücklich betont er, dass dies keinen Einfluss auf das Sabbat-, bzw. Feiertagsgebot hat, welches nach wie vor zu halten sei. So will er auch Arbeit am Feiertag zulassen – jedoch erst nach dem Gottesdienst (126,4-6)[119] und die Übertretung soll - analog der Perikope - auch nur im Notfall (102,5-11) geschehen, zu der z.B. notwendige Erntearbeiten zählen[120]. Zwingli lehnt des weiteren unter Hinweis auf Lk 17,20f., „das Reich Gottes kommt nicht so, dass man's beobachten kann;..." die Vorstellung ab, man könne sich durch fromme Leistungen, zu denen eben auch das Fasten gehört, das Himmelreich verdienen. Auch werde das Reich Gottes nicht kommen „mit erspähen des zytes oder stetten und orten" (103,4f.). Um ganz sicher zu gehen, verweist Zwingli ausdrücklich darauf, dass sich seine Kritik gegen von Menschen gesetzte Zeitpunkte richtet. Durch diese Argumentation wird zugleich mit der Ablehnung von zeitlichen Einschränkungen auch der Werkgerechtigkeit eine Absage erteilt. An Psalm 81,9ff.

119) Genaugenommen reduziert Zwingli damit das Feiertagsgebot auf die Teilnahme am Gottesdienst und am Abendmahl.
Zu dieser Stelle sei noch bemerkt: Zwingli hat zum Zeitpunkt der Abfassung seiner Freiheitsschrift noch nicht seine Abendmahlslehre entwickelt. So schreibt er hier völlig unbefangen, dass man am Feiertag arbeiten darf, „nachdem man das gotswort gehört und got genossen"(!) habe, vgl. Z I, 126,5f. Er steht hier also noch praktisch auf dem Boden der Transsubstantiationslehre.

120) vgl. Z II, 246,8-248,35; vgl. auch Merkel, Art. Feste- und Feiertage IV, TRE 11, 126, besonders Z II, 247,14f.: „ich sag da von dem fyren, das nun mit müssiggon gethon wirdt", lässt bereits das protestantisch-reformierte Arbeitsethos durchscheinen, vgl. auch zur Mühlen, Art. Arbeit VI, TRE 3, 638f. Jedoch muss dabei auch bedacht werden, dass Zwingli diese Meinung angesichts einer Vielzahl von Feiertagen vertritt. So lässt z.B. das Dekretale ‚Conquestus est nobis' von Gregor IX. (Papst von 1227 bis 1241) auf 85 arbeitsfreie Tage im Jahr schließen, zu denen noch Diözesanfeste hinzukamen, vgl. Merkel, Art. Feste- und Feiertage IV, TRE 11, 123. Zwingli möchte die große Zahl der Feiertage stark reduzieren; er will neben den Sonntagen nur noch Weihnachten, den Stephanustag als Gedenktag aller Märtyrer, Mariae Verkündigung, den Johannestag als Gedenktag der alten Väter und Propheten sowie den Peter- und Paulustag zur Erinnerung an alle Apostel und Evangelisten als volle Feiertage mit Arbeitsruhe gelten lassen, vgl. Z II, 247,19-28. Ob dabei auch wirtschaftliche Überlegungen wie in den ‚Gravamina der deutschen Nation' von 1523 (vgl. Merkle, a.a.O., 124) im Hintergrund standen, ist jedoch nicht ersichtlich.

(105,16-106,4) macht Zwingli die Forderung deutlich, nur auf Gott allein zu hören. Er sieht die Versuche, sich praktisch durch das Aufstellen neuer Gesetze selber an Gottes Stelle zu setzen als unsinnig an, wenn die Menschen die „trüwen ermanungen gottes“ (105,30f.) nicht annehmen, werden sie nur nach ihren Affekten handeln. Zwingli weist auf die geradezu absurde Situation hin, dass diejenigen Menschen, die in ‚menschlichen Erfindungen‘ mehr Trost als bei Gott suchen, wenn sie diese Gebote übertreten, schwerer gestraft werden als die, die Gottes Gebot nicht nur übertreten, sondern sogar verachten und verstoßen (105,32-106,2).

Zwingli kämpft hier generell gegen die Verquickung von Göttlichem und Menschlichem, gegen die Kreaturvergötterung. Konkret äußert sich diese „abgöttery“ wie er sie nennt (105,15) darin, dass sich der Mensch mit seinen Worten und Satzungen an die Stelle Gottes und seines in der Schrift geoffenbarten, klaren und einfachen Willens setzt; dahinter steht die Vorstellung, der Mensch könne und müsse noch Größeres und Gewichtigeres tun als das von Gott selbst gebotene.[121]

b.d) Die Freiheit durch Christus

Zwingli orientiert sich in seiner Freiheitsschrift am ‚allein‘ des Vertrauens auf Christus und auf sein Wort. Zwingli begründet diese Freiheit letztendlich auf der Basis der Soteriologie des Christusgeschehens. Die Befreiung des Menschen ist durch die Satisfaktion, die Christus durch seinen Tod für die Menschen erwirkt hat, möglich geworden. Anhand des Gleichnisses vom Pharisäer und Zöllner (Lk 18,9-14) verdeutlicht Zwingli diese Auffassung: Es ist dem Menschen nur möglich um die Barmherzigkeit Gottes zu bitten. Der Versuch, durch Halten der Buchstaben des Gesetzes oder frei erfundener Gebote die Seligkeit zu erlangen, ist aussichtslos (104,15-25). Auf sein Freiheitsverständnis angewendet bedeutet dies: Der Meinung, der Mensch könnte durch kirchlich-menschliche Satisfaktionen das Heil erringen, stellt er die Satisfaktion durch Christus gegenüber. Anhand seiner Auslegung von Gal

[121]) vgl. auch Hamm, Zwinglis Reformation der Freiheit, 5.

4,9f. und Kol 2,20-23 verdeutlicht er diese Auffassung in Bezug auf die Frage menschlicher Gebote und Leistungen: So wie die Menschen mit Christus den ‚Elementen' - Zwingli interpretiert diese als die Buchstaben, die Gesetze und Gebote entstehen lassen (103,18-32) - gestorben ist, so hat Christus die Menschen durch seinen Tod frei gemacht von allen Sünden und Beschwerden; daher sind die Menschen von allen menschlichen Zeremoniegesetzen und selbstgewählten Werken frei (130,24-131,4). Zwingli kann deshalb auch den Umkehrschluss machen, indem er die, die Gnade, Erlösung und Freiheit Christi nicht annehmen wollen und stattdessen immer noch den menschlichen Werken anhängen und ihre ganze Lebenshaltung davon bestimmen lassen, als Ungläubige bezeichnet. Ein Christ ist aber vielmehr der, der sich mit ganzem Herzen und Glauben allein auf Christus verlässt und sich durch sein Wort trösten lässt (97,3-9). Auch seine Auslegung zu Mt 11,28: „Kommet her zu mir, alle, die ihr mühselig und beladen seid;...", versteht er als Aufforderung, allein der Gnade Gottes zu trauen: „Der aber disen ringen weg zu der gnad gottes durch Christum nit weißt oder wüssen wil, dar undernimpt sich mit sinen eignen krefften das gsatzt zu erfüllen;..." (104,7-9). An diesen Aussagen lassen sich Elemente der Rechtfertigungslehre erkennen, die Zwingli in seiner Freiheitsschrift allerdings noch nicht vollständig systematisch ausgeführt hat.[122]
Auf einen weiteren Aspekt in der Theologie Zwinglis sei hier noch verwiesen. Zwingli differenziert nicht wirklich zwischen Gott und Christus, deshalb kann er von *‚Gott'* und *‚Christu'* praktisch synonym sprechen (vgl. z.B. 114,20-34). Deutlich wird dies auch in der Auslegung Zwinglis zu zwei Stellen aus dem Matthäus-Evangelium[123]. So schreibt Zwingli über Christus, dass wir in Mt 16,8 und 6,30 „gwüßlich gelert werden, das wir nit nun von im täglich gespeyset, sunder ouch von im trüwlich und vätterlich (!) geregiert und gewisen, so wir uns allein in sine wort und gheis vertröstend und lassend" (97,6-9).[124]

122) vgl. dazu auch Locher, Die Theologie Huldrych Zwinglis im Lichte seiner Christologie, 29-33.
123) vgl. Rogge, Anfänge der Reformation, 289.
124) Explizit führt Zwingli dies u.a. in seiner Schrift „Eine Unterrichtung, wie man sich vor Lügen hüten soll" vom Juni 1524 aus; hier schreibt er: „Also sehendt wir Christum nach der götlichen natur reden das

b.e) Die Freiheit zum Fasten

Zwingli begegnet dem Vorwurf, dass durch die von ihm vertretene Auffassung sich nun niemand mehr an das Fasten halten werde, damit, dass er wiederum auf die Freiheit verweist, zu fasten oder es nicht zu tun, solange weder Vertrauen noch Hochmut in die Werke des Fastens selbst gesetzt werden. So fasst er seine Meinung kurz und prägnant zusammen: „Summa, das ichs kurtz mach: Wiltu gern vasten, thu es; wiltu gern das fleisch nit essen, iß es nüt, laß aber mir daby den Christenmenschen fry.“ (106,15-17). Allerdings kann Fasten durchaus nützlich sein, wenn es der Disziplinierung des Leibes dient (105,10-15). Hauptsache aber bleibt, „Das aber wir uß dem gsatzt Christi alle zyt fry syen“ (99,16f.). Zwingli möchte damit also letztendlich das Fasten in den Bereich des Privaten entlassen.

b.f) Pragmatische Gründe gegen das Fasten

Auch versucht er (106,8-107,5) darzustellen, dass für hart arbeitende Menschen die Vorenthaltung bestimmter Speisen - im konkreten Fleisch - nicht sinnvoll ist, denn im Vergleich zu einem Müßiggänger kann der Arbeiter möglicherweise aufgrund der unzureichenden Nahrung seine Arbeit nicht richtig verrichten. Zwingli geht im Folgenden noch auf weitere Argumente in Bezug auf Müßiggänger ein. Hier dürfte Zwingli vor allem die Mönche, Nonnen und den Klerus im Blick haben, die in ihren Klöstern von den ihnen abzuliefernden Naturalien und ihren Pfünden ganz gut leben konnten.[125] Er konkretisiert dies am Fischessen (106,26), das während der Fastenzeit

---

wort sines himelischen vatters,...“ (Z III, 141,7-9).

Zwingli kann diese Aussagen auf der Basis der altkirchlichen Bekenntnisse machen: Christus ist ‚Vere deus, vere homo‘. Die Christologie, genauer das Verhältnis der göttlichen und menschlichen Naturen zueinander, ist in seiner Freiheitsschrift noch kein Thema. In seinen späteren detaillierteren Ausführungen z.B. in ‚Fidei ratio‘ von Juli 1530 stellt Zwingli dar, dass nur der ewige Sohn - also nicht der Vater und auch nicht der Geist - durch die ‚assumptio carnis‘ die Menschheit angenommen hat und in der ‚unio hypostatica‘ sich mit seiner Gottheit vereinigt hat, vgl. Z VI/2, 792,11-793,12.

125) vgl. z.B. auch Luthers Meinung über das Leben in den Klöstern in ‚De votis monasticis‘ WA 8, 582,25-583,19. (In dieser Schrift behandelt Luther auch das Thema der Freiheit von menschlichen Gesetzen, v.a. bezüglich der Klostergelübde.)

zwar erlaubt, aber für den gemeinen Menschen finanziell kaum erschwinglich war.[126] So hält er den Müßiggängern vor, dass sie nur neidisch darauf sind, dass es nun den einfachen Leuten hinsichtlich der Speisen genauso gut gehen kann wie ihnen. Dem Vorwurf, die Menschen könnten aufgrund der ihnen zuerkannten Freiheit Schaden an ihrer Seele nehmen, begegnet Zwingli neben dem Verweis auf die Freiheit, die Gott bezüglich der Fastengebote wohl absichtlich gelassen hat (Gott kann alles, also auch etwas unterlassen), mit dem Hinweis auf die soziale Dimension: anstatt von jedem, auch dem Armen, noch das Fasten zu fordern, solle man diesem lieber helfen, um dadurch sich selbst ein „christenlich gmüt" (107,4)[127] zu bewahren. So fordert Zwingli seine Hörer und Leser auf: „Leert dich der geist dines gloubens, so vast, günn aber daby dim nächsten, das er sich möge christlicher fryheit gebruchen,..." (107,5f.).

b.g) Die Freiheit von den Fastengeboten als Freiheit vom Kirchenrecht

Insgesamt stellt Zwingli fest, dass die Fastengebote, wie sie praktiziert werden (sollen), menschlichen Ursprungs sind (107,12-111,10). So findet er weder bei den Kirchenvätern, den (ökumenischen) Konzilien, noch bei Papst Gregor d. Gr. (590-604), noch dem Corpus Iuris Canonicis (CIC) umfassende und für alle verbindliche Regelungen über genaue Fastengebote.[128] Freilich befürwortet Zwingli das Fasten im Sinne der Schrift. Dazu führt er das Fastengebot der Bergpredigt Mt 6,16ff. an, das besonders nach außen hin zur Schau getragene Fastenleistungen ablehnt und vielmehr die innere Einstellung betont, ebenso Jes 58,6ff. wo die soziale Dimension betont wird. Hier zeigt sich das rechte Fasten an tätiger Nächstenliebe. Nur bei Thomas von

126) Es liegt nahe, dass Zwingli dieses Beispiel hier aufgrund einer Aussage des Buchdruckers Froschauer anführt, vgl. Egli, Aktensammlung, Nr. 234, Punkt 1, 74; siehe auch Anm. 85.
(Zu den Fischpreisen vgl. z.B. HDWSG 1, 319: So entsprach in der zweiten Hälfte des 15. Jahrhundert der Wert von 500g Karpfen etwa dem von 2000g Rindfleisch.)

127) Den Begriff „Gemüt" verwendet Zwingli u.a. an dieser Stelle analog dem Begriff ‚Conscientz', vgl. auch Anm. 109.

128) So enthält CIC can. 6, Distinctio IV kein allgemeines Verbot von Fleischgenuss, so regelt dieser Kanon u.a. auch, dass die Laien an Fastensonntagen mehr Fleisch essen dürfen als an den Werktagen.

Aquin lässt sich ein allgemeines Fleischverbot für die Fastenzeit finden.[129] Dabei lehnt es Zwingli - vor dem Hintergrund seines Prinzips ‚sola scriptura' - ab, Thomas praktisch als Gesetzgeber für angeblich göttliche Gebote ansehen zu müssen. Auch das Gewohnheitsrecht, mit dem die Fastengebote gerechtfertigt werden sollen, ist für Zwingli kein Argument.[130] Zwingli konstatiert, dass der Papst völlig willkürlich nach erfolgter Geldzahlung mit menschlichen Gesetzen verfährt. Daran macht Zwingli wiederum klar, dass es sich bei den Fastengeboten nur um menschliche Gesetze handeln kann, da kein Papst ein göttliches Gesetz - z.B. das Tötungsverbot - aufheben kann. An dieser Aussage wird Zwinglis Unterscheidung von menschlichem und göttlichem Gesetz explizit deutlich. Für Zwingli konkretisiert sich diese Unterscheidung auch am praktische Umgang mit den Geboten: Während der Papst die Freiheit besitzt, menschliche Gebote nach seinem Gutdünken auszuführen, abzuschaffen oder einzuführen, ist das bei dem von Gott gegebenen Tötungsverbot (5. Gebot)[131] nicht möglich.[132]

Daran wird auch ein grundsätzlicher Punkt deutlich: Zwinglis Ausführungen in seiner Schrift zielen in einem starken Maße auf die Auseinandersetzung mit der Autorität der Kirche - genauer den Bischöfen und dem Papst - ab. So schreibt er „...all mine arbeit kempfft darumb, ob wir uß götlichem gsatzt an und under dise und iene zyt gebunden syen. Vaste ieder so dick in der geist eins rechten gloubens manen wirt. Das aber wir uß dem gsatzt Christi alle zyt fry syen,..." (99,14-17). Wenn Christus alle Speisen rein und alle Zeiten freigegeben hat - wodurch die Übertretung der Fastengebote keine Sünde sein kann -, ist das Kirchenrecht nicht befugt, etwas an diesen Freiheiten abzustreichen, z.B. Strafen aufzuerlegen und sich somit über die

---

129) Zur Auffassung des Thomas' zum Fasten vgl. Thomas von Aquin, Summa Theologica II-II, 146f. Das Verbot von Fleisch in der Fastenzeit begründet Thomas damit, dass dieser Genuss gewöhnlich lustvoller sei als der von Fisch („Esus autem carnium est magis delectabilis communiter quam esus piscium...") vgl. S.th. II-II, 147,8,2.

130) Zwingli stellt dar, dass in den unterschiedlichen Ländern durch päpstlichen Dispens oder durch Gewohnheit jeweils unterschiedliche Speisen in der Fastenzeit verboten seien. So sei der Genuss von Milchprodukten in der Eidgenossenschaft vor noch nicht hundert Jahren verboten und durch Geldleistungen dann wieder dispensiert worden (Z I, 109,4-110,8).

131) nach lutherischer Zählung, vgl. BSLK 508.

132) vgl. aber auch Zwinglis Auffassung zum Feiertagsgebot.

Weisungen Christi zu stellen (136,1-10). Stattdessen befürwortet er „demokratische" Strukturen (wenn man dies schon so nennen kann), und meint deshalb: „Die allgemein versamlung der Christen mag ir vastag und abbruch der spysen annemmen, doch nit für ein gemein ewig gsatzt ufflegen" (134,4-6).[133] Zwingli lehnt also die Autokratie der Kirchenrepräsentanten grundsätzlich ab. Wie Zwingli aber bei aller Kritik an den Fastengeboten auch die Volksfrömmigkeit im Blick hat, zeigt sich dann an der Feststellung, dass durch den Frevel einiger Geistlicher der Fleischverzicht zu einem Gesetz geworden ist, der aber zuvor ein langer - nämlich ursprünglich freiwilliger - Brauch gewesen ist. Da dieser Brauch - und nur um diesen geht es Zwingli (nicht um das Gesetz oder das Gebot) - aber nicht unehrenhaft sei, soll man ihn so lange halten, bis sich niemand mehr über die Übertretung ärgert (111,2-9).

b.h) Die Frage nach den ‚guten Sitten'

Unter der Überschrift „Von erger werden an guten sitten" (126,7-134,2) erörtert Zwingli die Frage der Verdienstlichkeit durch Werke. Dabei richtet sich Zwingli scharf gegen die Scholastiker. Er wirft ihnen vor, sie hätten, da sie das Zunehmen der Tugenden bei Aristoteles und nicht bei Christus gelernt haben, nun Angst vor dem Verschwinden der guten Werke, wenn das Einhalten der Fastengebote und Feiertagsheiligung nicht mehr als verdienstlich gelte. Hier verweist Zwingli auf Jak 1,17, dass alle gute Gabe und alle vollkommene Gabe von oben herab, von dem Vater des Lichtes komme. Die Vorstellung, der Mensch könne durch seine Werke die Gerechtigkeit vor Gott erlangen, ist abzulehnen; stattdessen sollen die Menschen erkennen, „das alles gut, so got gefellig sol sin, von im kummen muß; dann wo es anderßwohar keme, weren ie zwen oder mer brunnen des guten, der aber nun einer ist;..." (126,15-17). In dieser Argumentation wird Zwinglis reformatorische Überzeugung der Ablehnung der Werkgerechtigkeit deutlich: Er lehnt jede

133) Hier deutet sich Zwinglis Ekklesiologie an, die er später noch genauer ausführt, z.B. ausführlich im 13. Abschnitt („De ecclesia") der Schrift „De vera et falsa religione commentarius" (Z III, 741,3-757,6); vgl. auch Locher, Zwinglische Reformation, 218.

Verdienstanrechnung für den Menschen auf Basis der semipelagianisch geprägten mittelalterlichen Scholastik - die auch Erasmus vertritt[134] - ab, denn Gott allein ist sowohl Quelle und Brunnen der Wahrheit als auch der Sittlichkeit des Menschen.[135]

b.i) Die Starken und die Schwachen

Anhand von Röm 14 und 15 ermahnt Zwingli die Starken - das sind für ihn diejenigen, welche die Freiheit der Schrift erkannt haben und alle Speisen auch in der Fastenzeit essen -, auf die Schwachen in der Gemeinde Rücksicht zu nehmen, die aus gutem Glauben an diesem Gebot festhalten. Zwar sind alle Dinge an sich rein, aber schlecht ist es, wenn Menschen durch das Essen verärgert werden. Zwingli geht auf die Situation in der Gemeinde ein (111,11-120,14). Er gibt zu, dass durch die Verkündigung des Evangeliums viel Unruhe in die Gemeinde gekommen ist. Zwingli fordert alle auf, aus dem Glauben zu handeln. Daher sind für ihn die Fragen der Speisen eigentlich nebensächlich. Er fordert die Starken im Glauben auf, die Schwachen mit Nachsicht und Vorsicht im Evangelium zu unterrichten, damit sie nicht länger schwach bleiben. Denn Zwingli macht anhand Mt 10,32ff. (Schwertwort) und Lk 14,26f. deutlich, dass jeder Mensch seine Meinung verteidigen soll, wenn die Ehre Gottes, der Glaube und die Hoffnung an ihn beeinträchtigt werden. Wo es nicht um die Ehre Gottes geht, wie in der Frage des Fleischessens, soll man, um den Nächsten zu schonen, darauf verzichten, die Gebote zu brechen und ihn stattdessen erst im Glauben festigen. Zwingli interpretiert die paulinische Erörterung über das Essen von Götzenopferfleisch (I Kor 8,1-13) folgendermaßen: Er fordert aus Rücksicht auf die Schwachheit des Bruders, dessen Gewissen durch das freie Handeln des Starken in Mitleidenschaft gezogen werden kann, den Verzicht auf das Essen von Fleisch. Denn die Verärgerung des Bruders ist genauso Sünde wie ein Vergehen gegen Christus selbst. Zwingli betont an dieser Stelle den Verantwortungscharakter, den die Freiheit besitzt. Das wird auch daran deutlich, dass

134) vgl. z.B. Erasmus, De libero arbitrio, IIa3-IIa5 (21-24).
135) vgl. Rogge, Anfänge der Reformation, 290.

der Begriff Freiheit dem der Gewalt beigeordnet ist: „Lugend, das üwer gwalt oder fryheit die blöden nit verergre,..." (116,31).

b.j) Die Freiheit durch Gottes Wort

Dennoch ist für Zwingli klar, dass auf Dauer die Freiheit nicht dadurch eingeschränkt werden kann, dass es immer noch Menschen gibt, die sich am Bruch der Fastengebote ärgern (120,15-126,6). Daher fordert Zwingli auf, diese Menschen anhand der Bibel zu belehren, was richtig ist (112,21-31). Zwingli verlangt zum Erreichen dieses Ziels - angelehnt an Mt 5,29f. und 18,8 – ‚die Augen, Hände und Füße, die zur Sünde verführen, abzuschlagen'. Darunter versteht er konkret, die Bischöfe (vgl. auch Jes 56,9-12), die sich der evangelischen - und damit einzig wahren - Lehre verschließen, abzusetzen. Unter Hinweis auf Röm 14,1ff, die Schwachen zu stärken, rechtfertigt er seine Predigt über die Freiheit der Speisen. Er stellt fest, dass es Leute gibt - gemeint sind der Rat von Zürich und der Bischof (s.o.) - welche die Starken, die die von Gott gegebene Freiheit annehmen, wieder schwach und ängstlich machen wollen. Denen gilt das Wort aus Mt 23,13, wonach sie den Menschen somit das Himmelreich verschließen. Zwingli rechtfertigt sich seinerseits durch den Verweis auf die Autorität der Schrift: Denen, die sich beim Gebrauch ihrer christlichen Freiheit auf die Heilige Schrift berufen, auf deren Basis er immer gepredigt hat, kann er nicht den Schutz rauben und die Heilige Schrift widerrufen; er nähme sonst diesen wiederum den Schlüssel der Erkenntnis weg. Für Zwingli ist es daher wichtig, dass sich letztlich Gottes Wort als Orientierung für die Menschen durchsetzt, auch wenn es jetzt noch Widerstände gibt. So schreibt er: „Was luter die götlichen warheit antrifft, als den glouben und die gheiß gottes, da sol nieman wychen, gott geb, man erger sich oder nit..." (125,3-5).

Zwingli plädiert dafür, die christliche Freiheit einzuüben. Dabei hat der Prediger den Schwachen gegenüber auch eine Erziehungsaufgabe (125,33f.): So dient die Bibel auch der Pädagogik, der Belehrung der Menschen, aber nicht mehr mit der Absicht der Versittlichung sondern zur rechten Erkenntnis Gottes und Jesu Christi.[136]

Zwingli will zwar jedem ein freies Urteil zubilligen, möchte aber denen, die nach christlicher Freiheit dürsten, seine biblisch fundierte Auffassung mitgeteilt haben ohne sich um den Unwillen zu kümmern, der daraus entsteht (136,7-10). Zusätzlich fordert er diejenigen auf, die sich in der Bibel auskennen, ihm eventuelle Fehlinterpretationen zu zeigen (133,10-134,2).

---

136) Vgl. z.B. seine Auslegungen zu Lk 11,52 (Z I, 123,2-10) und zu Mt 6,30; 16,8 (Z I, 97,5-11). Diese lehrhaften Elemente in Zwinglis Argumentation lassen in ihm den Humanisten erkennen, freilich mit einer anderen (nicht primär moralisch-pädagogischen sondern theologischen) Zielsetzung als Erasmus (s.o. I.2.a).

Auch in der Fastenfrage werden Unterschiede deutlich. Dies zeigt sich an einer Stellungnahme aus Anlass eines Fastenbruchs in Basel am 13. April 1522 (Palmsonntag). In einem Brief wandte sich Erasmus am 21. April 1522 an den Bischof von Basel Christoph von Utenheim. Darin legt Erasmus seine Auffassung über den Fastenbruch dar. Auch er hält die Fastengebote für unhaltbar, da sie Menschensatzungen sind. Änderungen dürften aber nur die Kirchenleitungen durchführen; er greift die hierarchische Struktur der Kirche also grundsätzlich nicht an, will aber die Autorität des Bischofs nicht in einer Tyrannei den Gläubigen gegenüber entartet sehen. Auch ist für ihn die Kirche keine statische Größe, sie muss sich vielmehr den Gegebenheiten der Zeit anpassen. Darüber hinaus entwirft er ein Idealbild von Kirche: Sie ist ihrem Wesen nach eine Gemeinschaft, die durch die Liebe bestimmt wird.

Dieses Schreiben, das in der ursprünglichen Fassung nicht mehr bekannt ist, überarbeitete Erasmus für den Druck; es erschien am 8. August 1522 in Basel unter dem Titel "Epistola apologetica de interdicto esu carnium deque similibus hominum constitutionibus", Opera Omnia Desiderii Erasmi Roterodami, IX/1, 13-50.

Diese Schrift, die eigentlich einen Ausgleich zwischen den unterschiedlichen Parteien ermöglichen sollte, wurde nun gleichwohl von reformatorisch Gesinnten als auch von Altgläubigen scharf kritisiert. Vgl. zu diesem gesamten Abschnitt, Opera Omnia Desiderii Erasmi Roterodami, IX/1, 3-13.

III.) Vergleich von Zwinglis und Luthers Freiheitsverständnis

1. Einleitung

Die Frage, ob Zwingli Luthers Schrift ‚Von der Freiheit eines Christenmenschen' vom Herbst 1520 gekannt hat, ist historisch nicht eindeutig zu beantworten. Dieses wird zwar häufig angenommen,[137] jedoch ist sie in Köhlers Aufstellung der Schriften von Zwinglis Bibliothek nicht aufgeführt. Das bedeutet aber nicht unbedingt, dass er sie nicht gekannt hat.[138] Interessant ist ein zentraler Aspekt: Das Thema Freiheit besitzt zu Beginn der Reformation einen besonderen Stellenwert. Zwinglis erste ‚Hauptschrift' behandelt dieses Thema, während Luthers dritte ‚Hauptschrift' des Jahres 1520 das Thema Freiheit zum Inhalt hat, wobei diese Schrift eine Zusammenfassung seiner Lehre sein sollte, deren lateinische Fassung „Tractatus de libertate christiana" Luther zur Klärung an Papst Leo X. sandte.[139]
Im Folgenden soll kurz auf die Besonderheiten der jeweiligen Freiheitsverständnisse hingewiesen werden.[140]

2.) Gemeinsamkeiten

Luther wie auch Zwingli lehnen das theologische System der Scholastik ab. Beide argumentieren stattdessen auf Basis der absoluten Autorität der Bibel. Nicht die kirchliche Tradition, sondern die Heilige Schrift ist Begründung jeder Theologie. Dies zeigt sich daran, dass sowohl Zwinglis wie auch Luthers Argumentationen in ihren Freiheitsschriften auf der Grundlage genauer Exegesen von Bibelstellen, vor allem aus Paulusbriefen und Worten Jesu geschehen. In Fragen der Soteriologie stimmen beide in ihren Auffassungen weitestgehend überein.[141] Beide argumentieren

---

137) So z.B. Gäbler, Huldrych Zwingli, 53 und Z I, 77f. und Köhler, Die neuere Zwingli-Forschung, ThR NF 4, 336.

138) Köhler, Huldrych Zwinglis Bibliothek, 12, *24-*27.

139) vgl. WA 7, 12.

140) vgl. zu diesem Abschnitt auch die knappe Darstellung bei: Busch, Freiheit, 23ff.

141) vgl. z.B. Z I, 130,27-131,1.
Allerdings gibt es auch nicht zu übersehende Unterschiede, die hier aber nicht weiter erörtert werden sollen. So vertritt Zwingli z.B. im Gegensatz zu Luther keine ausdrückliche Theologie des Kreuzes und

aufgrund der paulinischen Gnadenlehre: Der Mensch kann das Heil nur durch den Glauben an die Barmherzigkeit Christi erlangen; einen Heilsweg über Werke lehnen beide ab.

3.) Unterschiede im Freiheitsverständnis

Der wichtigste Unterschied zwischen Zwingli und Luther ist die differente Auffassung hinsichtlich der Bedeutung der menschlichen Gebote.

Das Hauptgewicht von Zwinglis Freiheitsgedanken liegt auf der Ablehnung der Kreaturvergötterung. Hier nimmt er die erasmische Auffassung der Trennung von göttlicher und irdischer Sphäre (s.o.) auf. Zwingli lehnt die menschlichen Satzungen vor allem deshalb ab, weil ihr Halten als heilsnotwendig angesehen wird, da dies für ihn Vergötzung von menschlichen Werken und damit größte Sünde bedeutet. Für Zwingli wird dies vor allem dadurch ein Problem, da auf diese Art und Weise das Gewissen der Menschen belastet wird (s.o. und vgl. 104,25-105,16).

Für Luther hingegen sind diese Gebote und Gesetze der Kirche und des Papstes nebensächlich. So stellt er fest, dass diese Übungen (Fasten, Wallfahrten, Werke), da sie nur den äußeren Menschen angehen, für die Erlangung der Seligkeit nebensächlich sind. Der Seele - dem Inneren des Menschen - nützt es nichts, wenn es dem Leib gut geht; und der Seele schadet es auch nichts, wenn es dem Leib schlecht geht.[142] So kommt er ausführlich auch erst kurz vor Schluss[143] auf die menschlichen Gebote zu sprechen. Er argumentiert, dass diese Gebote nicht der Seligkeit dienen,

---

unterscheidet nicht zwischen ‚deus absconditus‘ und ‚deus revelatus‘. Auch in der Frage der genauen Vorstellung der Rechtfertigung (forensisch, imputativ, effektiv) - Zwingli spricht z.B. von ‚Rechtwerden‘ (Z II, 172,26) - werden Unterschiede deutlich.

(Das Verhältnis von ‚Gesetz und Evangelium‘ ist in Zwinglis Freiheitsschrift nicht ausdrücklich thematisiert. Die Äußerungen in Z I, 103,32-104,15 sind Luthers Auffassung von ‚Gesetz und Evangelium (Verheißungen)‘ in dessen Freiheitsschrift (vgl. WA 7, 23,24-24,21) ähnlich: Durch das Wort Jesu Mt 5,22 erkennt der Mensch seine Sünde und wendet sich der Gnade Christi zu. Ein wichtiger Unterschied zu Luther ist dabei erkennbar. Während Luther die Gesetze und Gebote ausschließlich im Alten Testament findet (WA 7, 23,35f.), ist Christus für Zwingli auch ein Gesetzgeber. Zwingli kann daher später umgekehrt sagen, dass alles, was Gott den Menschen durch Christus offenbart hat, ausdrücklich auch sein gebietendes Wort (Rückgriff auf Mt 5,22.28.39), Evangelium ist, vgl. Z II, 76,12ff. Pointiert schreibt Zwingli: „...das gsatzt sye dem gotshulder ein euangelium“, Z II, 232,13f.)

142) vgl. WA 7, 21,3-22,22.

143) vgl. WA 7, 36,20-38,5.

aber man solle um des Papstes, Bischofs und der Mitbrüder willen ruhig leiden und diese Gebote einhalten, wie Christus für die Menschen gelitten hat, ohne dass es für ihn eigentlich nötig gewesen wäre. Das bedeutet, auch wenn Tyrannen (!) Unrecht tun, soll man ihnen um Christi willen dennoch folgen. Da Luther die menschlichen Satzungen demnach dem Bereich des äußeren Menschen zuweist, steht seine Schlussbegründung der Auffassung Zwinglis diametral gegenüber: Während Zwingli kritisiert, dass sich der Mensch über Gott hochmütig hinwegsetzt, wenn er eigene Gebote aufstellt, kann Luther in Bezug auf das Halten menschlicher Gebote feststellen: „...ßo schadets mir doch nit, die weyl es nit widder gott ist"[144].

a) Luthers Unterscheidung von innerem und äußerem Menschen

Luther kann seine Meinung aufgrund seiner dialektischen Unterscheidung von innerem (geistlichem) und äußerem (leiblichem) Menschen vertreten. Jeder Christ ist frei hinsichtlich seines Glaubens, der im Inneren des Menschen, der Seele, vorhanden ist. Daher kann auch kein anderer Mensch darüber verfügen. Die Seele lebt im Evangelium, dem von Christus gepredigten Wort Gottes, und die Rechtfertigung des Menschen - die Vergebung bzw. Nichtanrechnung aller Sünden - wird im Glauben erfahrbar.[145] Der Satz Luthers: „Eyn Christen mensch ist eyn freyer herr u(e)ber alle ding und niemandt unterthan"[146] bezieht sich also auf die innere Freiheit des Menschen, die glaubende Seele. In äußeren Dingen - modern gesprochen: den sozialen Gegebenheiten - gilt nach Luther: „Eyn Christen mensch ist eyn dienstpar knecht aller ding und yderman unterthan"[147]. Jeder Mensch ist äußerlichen Zwängen unterworfen und daher in diesem Bereich abhängig.[148] Luther kann Freiheit und

144) WA 7, 14f.

145) Luther verwendet in seiner Freiheitsschrift auch das Motiv der Brautmystik: Der Glaube vereinigt die Seele mit Christus wie eine Braut mit ihrem Bräutigam. Es kommt zum ‚fröhlichen Wechsel': Der sündlose Christus macht sich die Sünde des Glaubenden selbst zu eigen, vgl. WA 7, 25,26-26,12.
Die Verwendung der v.a. von Bernhard von Clairvaux geprägten Brautmystik, lässt u.a. auch die monastische Herkunft Luthers erkennen, vgl. Louth, Art. Mystik II., TRE 23, 564,34-45.

146) WA 7, 21,1f.

147) WA 7, 21,3f.

148) vgl. WA 7, 29,34-38,5.

Knechtschaft aber auch ineinander sehen, jedoch vom Inneren her bestimmt: Weil Gott den Menschen in und durch Christus befreit hat, kann der Mensch - als äußere Handlung - das tun, was Gott wohlgefällt: Gegenüber dem, der ihn braucht, in Nächstenliebe handeln.[149]

Das besondere Kenzeichen der Auffassung Luthers ist, dass sich seine Argumentation auf die individualistische Fragestellung konzentriert. Die Gesellschaft[150] als solche ist nicht sein Thema, mit Ausnahme der Bedeutung der Werke, die der einzelne, angesichts der Rechtfertigung durch Gott, spontan leistet. Dieses verdeutlicht Luther anhand von Mt 12,33: „... ein Baum ist gut, so wird auch seine Frucht gut sein;...“[151]. Ein Mensch, der sich von Gott als angenommen ansieht, handelt in Dankbarkeit seinem Nächsten gegenüber.

b) Zwinglis Auffassung

Bei Zwingli ist die Unterscheidung von innerem und äußerem Menschen nicht thematisiert. Dennoch hat Zwingli beide Aspekte durchaus im Blick: Durch die äußerliche Pflicht, menschliche Satzungen zu halten, die letztendlich gegen Gott sind, wird das - innere - Gewissen[152] belastet (s.o. II.2.). Die Abschaffung der menschlichen - äußeren - Gebote bedeutet damit gleichzeitig die Befreiung des Gewissens. Auf diese Weise versteht Zwingli die beiden ‚Seiten des Menschen‘ ineinander und sich gegenseitig bedingend. Deshalb stellt sich für ihn das Problem der genauen Differenzierung nicht.[153]

---

149) vgl. WA 7, 38,6-15.

150) Auch die ‚politische Dimension‘, der Konflikt mit dem Papst, den Bischöfen und dem Kirchenrecht stellt sich für Luther im Gegensatz zu Zwingli in der Fastenfrage nicht.

151) vgl. WA 7, 33,6-9. Auch Zwingli verwendet diesen Bibelvers, um die Wirkung des Glaubenden auf sein Handeln auszudrücken (Z I, 118,21-119,2).

152) Andererseits ist dies wohl auch der Grund dafür, dass in Luthers Freiheitsschrift die Gewissensfrage keine Rolle spielt. Da für Luther die Menschen frei sind, menschliche Gesetze einzuhalten oder nicht, ist eine Gewissensentscheidung in dieser Frage nicht notwendig. (Zu Luthers Gewissensfrage, die ansonsten eine wichtige Stellung in seiner Theologie einnimmt, vgl. z.B. WA 8, 606,30-607,4.)

153) Dabei verwenden Zwingli und Luther für ihre jeweiligen, im Ergebnis unterschiedlichen Argumentationen die gleichen Bibelstellen: Die Bibelstellen Act 16,3 ‚Beschneidung des Timotheus‘ WA 7, 36,16f. und Z I, 119,3-7; Gal 2,3 ‚Keine Beschneidung des Titus‘ WA 7, 36,18f. und Z I, 123,12-24; Mt 17,24-27 ‚Von der Zahlung der Tempelsteuer‘ WA 7, 36,20-27 und Z I, 119,8-32 dienen Luther als

Da Zwingli vor allem die menschlichen Gesetze, die Gebote der Bischöfe und des Papstes ablehnt, zielt seine Kritik in stärkerem Maße auf die Freiheit des handelnden, also des äußeren Menschen. Für Luther hingegen hat dieser Aspekt untergeordnete Bedeutung.

4.) Der unterschiedliche Umgang mit der Freiheit

Diese differente Auffassung bezüglich des Freiheitsverständnis hat ihren Ursprung in unterschiedlichen Lebensumständen: Zwingli hat als Prediger in besonderem Maße die öffentliche Gemeinde im Blick, daher betont er stärker den äußerlichen Aspekt der Freiheit; dazu kommt noch der Hintergrund des Freiheitsbewusstseins der Eidgenossenschaft (s.u.).
Luther hingegen betont die Freiheit des inneren Menschen. Dabei stehen sicherlich seine persönliche Erfahrungen im Kloster - seine Seelennot in der Anfechtung[154] -, wie auch als Seelsorger - z.B. im Zusammenhang der Buße und des Ablasshandels[155] - im Hintergrund. Auch die konkrete politische Situation, das Leben in einem Flächenstaat mit fürstlicher Obrigkeit, spielt für Luthers Freiheitsverständnis eine Rolle. So fordert er das Leisten der äußeren Werke - wozu er hier auch die nach alter Lehre unmittelbar heilswirksamen Werke der Priester und die in den Klöstern und Stiften zählt[156] - unter Rückgriff auf seine ‚Lehre von den beiden Regimenten': Die Menschen sollen die äußeren Werke, die keine Heilsbedeutung haben, um des anderen und der Anordnung der Obrigkeit willen leisten.[157]
Zwingli möchte die Freiheit öffentlich genützt sehen. So verteidigt er zum einen die Provokation des Fastenbruches und zum anderen ist es ihm wichtig, den Menschen durch Predigten und Disputationen von der Richtigkeit des Gebrauchs der Freiheit zu

---

Beweis für die äußeren Handlungen des Menschen, die auf die Seele des Menschen keinen Einfluss haben. In diesem Zusammenhang spricht er auch kurz seine Lehre von den beiden Regimenten an und weist darauf hin, dass die Menschen aus gleichem Grund der Obrigkeit dienen sollen (WA 7, 37, 2-4). Zwingli hingegen erörtert anhand der genannten Beispiele das Problem der Verärgerung des Mitmenschen und wie man damit umgehen soll (siehe dazu II.3.b.i+j).

154) vgl. z.B. Brecht, Martin Luther, Bd. 1, 82-88.

155) vgl. a.a.O., 181-188.

156) vgl. WA 7, 36,30-34.

157) vgl. WA 7, 36,20-37,4.

überzeugen (vgl. 120,15-126,6; siehe auch oben II.3.b.j). Hierbei wird auch der von Erasmus geprägte pädagogische Zug bei Zwingli erkennbar.[158]

Luther hingegen lehnt offene Provokationen ab und wendet sich gegen gewaltsame Durchsetzung von Neuerungen. Seine Invocavitpredigten[159] sind dafür ein interessantes Zeugnis, zumal sie gleichzeitig zu den ersten Fastenbrüchen in Zürich, ohne Kenntnis der dortigen Ereignisse in der Woche vom 9. bis 15. März 1522 gehalten wurden. Zunächst sollen durch die Predigt des Evangeliums die Herzen der Menschen vom Irrglauben der Missbräuche befreit, der rechte Glaube gegen Kritik gefestigt und in der von Christus geschenkten Liebe geübt werden.[160] Erst dann sollen Reformen aufgrund des von Gott gewirkten Wortes erfolgen, allerdings unter absoluter Rücksicht und Geduld gegenüber den Schwachen.[161] Luther sieht natürlich die biblisch begründete Kritik an den Missständen als gerechtfertigt an, lehnt aber übereilte oder unkontrollierte Reformen ab, da sie eher das Gewiss Werden des Glaubens verhindern. Darüber hinaus macht die Anwendung von Gewalt aus dem päpstlichen Zwang einen neuen Zwang.[162] Um der Anfechtung der Menschen willen mahnt er, aus der Freiheit nicht ein neues Gesetz zu machen.[163] Luther will also die Reformation von Innen her wachsen lassen und tritt daher für eine allmähliche Einführung von Neuerungen ein. An dieser Auffassung wird auch seine Betonung des inneren Menschen wieder deutlich: Die Reformen sollen erst dann durchgeführt werden, wenn die Menschen diese mit ganzem Herzen und ganzer Seele als richtig erkennen und annehmen.

---

158) Interessant ist auch, dass Erasmus hinsichtlich der praktischen Umsetzung von Neuerungen und in der Ablehnung von Provokationen (siehe Anm. 136), Luther näher steht als Zwingli.

159) WA 10 III, 1-64. Auf die Frage der Fastengebote kommt Luther ausdrücklich in seiner Predigt am Mittwoch nach Invocavit zu sprechen, vgl. WA 10 III, 36,9-40,7.

160) vgl. WA 10 III, 13,16-17,10.

161) vgl. WA 10 III, 17,11-20,36.

162) vgl. WA 10 III, 8,11-11,7.

163) So schreibt Luther: „'Frey sein' aber ist das, welchs ich frey habe und mag es gebraüchen oder lassen, also doch, das mein bru(o)der den nutz und nit ich dauon habe. Und macht mir nitt auß dem ein ‚mu(o)ß' ein ‚frey sein', wie jr gethan habt, auff das jr nit vor die jhenigen, so durch ewer liebe lose freyheit verleytet habt, rechenschafft mu(o)ßt geben. Denn wann du eynen darzu(o) raytzest, den freytag fleysch zu(o) essen, und er jm sterben angefochten würdt und also gedenckt: O wee mir, das ich fleysch gessen hab und nit besteen kann' von den wirt got rechenschafft von dir fodern.", WA 10 III, 11,5-12,1.

Zwingli hingegen befürwortete und förderte im Gegensatz zu Luther letztlich eine autoritäre gesetzliche Durchführung der Reformation mittels der Obrigkeit.[164]

5.) Zwinglis Freiheitsverständis im Kontext der Eidgenossenschaft

Bei Zwingli liegt die Betonung besonders auf der äußeren, der bürgerlichen Freiheit, die Freiheit, sich gegen menschliche Gesetze aufzulehnen. Bei dieser Auffassung spielt der Lebenszusammenhang Zwinglis in der Eidgenossenschaft und der freien Reichsstadt Zürich eine wichtige Rolle.

Die Reichsstadt Zürich, die durch ihre Reichsunmittelbarkeit von keinem Landesherrn abhängig war, bot durch die Möglichkeit ihrer räumlichen Begrenztheit sowohl nach Innen als auch nach Außen, guten Nährboden für die Durchführung der Reformation. Dabei war v.a. das Ineinander von bürgerlicher und christlicher Gemeinde von Vorteil; jede politische Entscheidung hatte Konsequenzen für die christliche Gemeinde und umgekehrt. Das herausragende Beispiel hierfür ist die Einführung der Reformation durch den Rat: die politische Entscheidung hatte unmittelbare Konsequenzen für die christliche Gemeinde.

Darüber hinaus lebte Zwingli im Bewusstsein der eidgenössischen Freiheit, die seit dem 14. Jahrhundert gegen Fremdbestimmung sowie politische und wirtschaftliche Abhängigkeit kämpfte.[165] Da die politischen und persönlichen Freiheiten durch die Abhängigkeit v.a. von der Kurie durch Söldnerwerbung und das Pensionswesen eingeschränkt waren, wandte Zwingli sich gegen diese Art der Einschränkung der Freiheit, indem er selber auf eine päpstliche Pension verzichtete (s.o. I.2.b). Der Rat von Zürich verbot im Januar 1522 das Pensionswesen ganz.[166] Daher ist Zwinglis Forderung, nun auch von den kirchlichen Gesetzen des Papstes Abstand zu nehmen und so das Gewissen der Menschen zu befreien, nur eine Folge der Befreiung von der politischen und wirtschaftlichen Abhängigkeit.

164) vgl. Gäbler, Huldrych Zwingli, 61-101.
165) vgl. Hamm, Zwinglis Reformation der Freiheit, 10-16.
166) vgl. Gäbler, Huldrych Zwingli, 51.

Zwingli hat durch seine Predigten die Befreiung der Menschen vorbereitet. Dazu kam die Möglichkeit, durch Überzeugung innerhalb der Stadt die Einwohner und die Träger politischer Macht für sich zu gewinnen, um sich dann auch nach Außen gegen den - für damalige Verhältnisse weit entfernt - in Konstanz residierenden Bischof durchzusetzen und somit die eigene Freiheit auch in Fragen des Glaubens zu erlangen.[167]

IV.) Schlussbemerkung

Ob Zwingli Luthers Freiheitsschrift tatsächlich gekannt hat, wie eingangs des dritten Teiles überlegt, ist nur mit aller Vorsicht zu bejahen. Zwar ist die Verwendung gleicher Bibelstellen ein Indiz für diese Annahme[168], gleichwohl hat der Vergleich der beiden Schriften ergeben, dass Zwingli zu weitestgehend anderen Schlüssen kommt als Luther. Daher kann man annehmen, dass sich Zwingli möglicherweise von Luthers Freiheitsschrift hat inspirieren lassen, dann aber sein eigenes Verständnis von christlicher Freiheit entwickelt hat.

Zwinglis Freiheitsschrift ist ein interessantes Zeugnis der Reformation. Sie zeigt, wie die durch Christus ermöglichte evangelische Freiheit auch Konsequenzen für die Freiheit der Menschen im Bezug auf ihr öffentliches und politisches Handeln haben kann.

Für die Zukunft wird das Thema „Freiheit" in Zusammenhang von religiösen Fragen weiterhin ein wichtiger Diskussionspunkt bleiben. Speziell in der Begegnung und im Gespräch mit dem Islam sind Themen der Orthopraxie, zu denen gerade die Fastenfrage aber auch die Beschneidung und das Tragen des Kopftuch gehören,

---

167) Allerdings kann von der Situation in Zürich nur bedingt auf die Art der Durchführung in anderen Reichs-, Bischofstädten bzw. großen Städten ohne Reichsunmittelbarkeit geschlossen werden, vgl. Moeller, Reformation und Reichsstadt, 82-86.
(Auch die ‚Kommunalisierung der Kirche', die sich z.B. an der Wahl der evangelischen Geistlichen durch die Repräsentanten der Gemeinde und der Eingliederung der Person des Geistlichen über seine Amtsfunktion hinaus in die Bürgerschaft zeigt, ist nicht unbedingt spezifisch zwinglianisch, sondern wurde auch in lutherischen Städten praktiziert, vgl. Moeller, Reformation und Reichsstadt, 91f.)

168) vgl. dazu die in den Anm. 153 aufgeführten Bibelstellen; ebenso die Interpretationen zu Mt 5,22 (vgl. Anm. 141) und zu Mt 12,33 (‚Baumwort') (vgl. Anm. 151).

wieder neu in den Mittelpunkt auch der öffentlichen Diskussion gerückt. Manche von Zwingli in seiner Schrift angesprochenen Themen hinsichtlich der Freiheit der Glaubenden sind unter anderen Vorzeichen wieder aktuell obwohl sie durch die Reformation beantwortet schienen.

Hier im Licht der evangelischen Freiheit erneut eine Antwort zu geben, ist die Aufgabe aller Christen, Zwingli kann dazu gute Hinweise geben.

LITERATURVERZEICHNIS

I.) Quellen

1.) Zwingli, Huldrych

Acta Tiguri 7. 8. 9. diebus aprilis 1522. (April 1522), Huldreich Zwinglis sämtliche Werke, Band 1, 137-154.

Akten der zweiten Disputation vom 26.-28. Oktober 1523. 8. Dezember 1523, Huldreich Zwinglis sämtliche Werke, Band 2, 664-803.

Aktenstücke zur Zürcher Disputation, Die 67 Artikel Zwinglis, Huldreich Zwinglis sämtliche Werke, Band 1, 451-453, 458-465.

Apologeticus Archeteles. 22./23. August 1522, Huldreich Zwinglis sämtliche Werke, Band 1, 249-327.

Auslegen und Gründe der Schlussreden. 14. Juli 1523, Huldreich Zwinglis sämtliche Werke, hg.v. Emil Egli, Georg Finsler, Band 2, Werke 1523, Corpus Reformatorum 89, Leipzig 1908, 1-457.

De vera et falsa religione commentarius. März 1525, Huldreich Zwinglis sämtliche Werke, Band 3, 590-912.

Eine klare Unterrichtung vom Nachtmahl Christi. 23. Februar 1526, Huldreich Zwinglis sämtliche Werke, hg.v. Emil Egli, Georg Finsler, Walther Köhler, Oskar Farner, Band 4, Werke April 1525 - März 1526, Corpus Reformatorum 91, Leipzig 1927, 773-862.

Eine Unterrichtung, wie man sich vor Lügen hüten soll. 25. Juni 1524, Huldreich Zwinglis sämtliche Werke, hg.v. Emil Egli, Georg Finsler, Walther Köhler, Band 3, Werke 1524 - März 1525, Corpus Reformatorum 90, Leipzig 1914, 132-145.

Fidei ratio. 3. Juli 1530, Huldreich Zwinglis sämtliche Werke, hg.v. Emil Egli, Georg Finsler, Walther Köhler, u.a., Band 6,2, Werke August 1528 - Juli 1530, Corpus Reformatorum 93/2, Zürich 1968, 753-817.

Gebetslied in der Pest. (Ende 1519), Huldreich Zwinglis sämtliche Werke, hg.v. Emil Egli, Georg Finsler, Band 1, Werke 1510 - Januar 1523, Corpus Reformatorum 88, Berlin 1905, 62-69.

Von Erkiesen und Freiheit der Speisen. 16. April 1522, Huldreich Zwinglis sämtliche Werke, Band 1, 74-136.

Von Klarheit und Gewißheit des Wortes Gottes, 6. September 1522, Huldreich Zwinglis sämtliche Werke, Band 1, 328-384.

Zwingli an Heinrich Utinger. Einsiedeln, 5. Dezember 1518, Huldreich Zwinglis sämtliche Werke, hg.v. Emil Egli, Georg Finsler, Walther Köhler, Band 7. Zwinglis Breifwechsel, Band 1, Briefe 1510 - 1522, Corpus Reformatorum 94, Leipzig 1911, Nr. 48, 110-113.

Kaspar Hedio an Zwingli. Basel, 17. März 1520, Huldreich Zwinglis sämtliche Werke, Band 7, Nr. 124, 279-281.

Zwingli an Oswald Myconius. Zürich 24. Juli 1520, Huldreich Zwinglis sämtliche Werke, Band 7, Nr. 151, 341-345.

2.) Luther, Martin

Acht Sermone D. M. Luthers von jm geprediget zu Wittenberg in der Fasten (Invocavitpredigten vom 9.-16. März 1522), D. Martin Luthers Kritische Gesamtausgabe, Band 10 III, Weimar 1905, 1-64.

De servo arbitrio (1525), D. Martin Luthers Kritische Gesamtausgabe, Band 18, Weimar 1908, 551-787.

De votis monasticis Martini Lutheri iudicium 1521, D. Martin Luthers Kritische Gesamtausgabe, Band 8, Weimar 1889, 564-669.

Predigten Luthers gesammelt von Joh. Poliander 1519-1521, Nr. 108, ‚In Die Adnvnciationis Marie a prandio Euangelium dixit Luc. I.', D. Martin Luthers Kritische Gesamtausgabe, Band 9, Weimar 1893, 628-633.

Sermon von dem Sakrament des Leibes und Blutes Christi, wider die Schwarmgeister, 1526, D. Martin Luthers Kritische Gesamtausgabe, Band 19, Weimar 1897, 474-523.

Von der Freiheit eines Christenmenschen, 1520, D. Martin Luthers Kritische Gesamtausgabe, Band 7, Weimar 1897, 12-38.

3.) Erasmus, Desiderius Roterodamus

De libero arbitrio διατριβε sive collatio, hg.v. Johannes Walter, QGP 8, Leipzig 1935.

Enchiridion militis christiani, Desiderius Erasmus Roterodamus. Ausgewählte Werke, hg.v. Hajo Holborn, München 1964, 22-136.

Epistola de interdictio esu carne, Opera Omnia Desiderii Erasmi Roterodami, regognita et adnotatione critica instructa notisque illustrata, Ordinis 9, Tomus 1, Amsterdam/Oxford 1982, 1-50.

4.) Weitere Autoren

Aristoteles, Ethica Nicomachea, recognovit brevique adnotatione critica instruxit L. Bywater, Oxford 1894 (Neudruck 1957).

Thomas von Aquin, Summa Theologica, II-II, 123-150, kommentiert von Joseph Fulko Groner, Die deutsche Thomas-Ausgabe (dt.-lat.), 21. Band, Tapferkeit, Maßhaltung (1. Teil), Heidelberg/Graz/Wien/Köln 1964.

5.) Quellen zur Reformation in der Schweiz

Bullinger, Heinrich, Reformationsgeschichte, hg.v. J.J. Hottinger und H.H. Vögli, Band 1, Frauenfeld 1838 (Unveränderter Nachdruck, Zürich 1984).

Egli, Emil (Hg.), Aktensammlung zur Geschichte der Zürcher Reformation in den Jahren 1519-2533, Zürich 1879 (Neudruck, Aalen 1973).

6.) Weitere Quellen

Die Bekenntnisschriften der evangelisch-lutherischen Kirche, Göttingen ^{10}1986.

Die Bibel, nach der Übersetzung Martin Luthers, revidierte Fassung von 1984, Stuttgart 1989.

Biblia Sacra iuxta Vulgatam Versionem, Stuttgart ^{3}1983.

Corpus Iuris Canonici, Editio Lipsiensis secunda post Aemilii Ludouici Richteri instruxit Aemilius Friedberg. Pars Prior, Decretum Magistri Gratiani, Leipzig 1879 (Nachdruck Graz 1955).

II.) Sekundärliteratur

1.) Biographien über Zwingli

Farner, Oskar, Huldrych Zwingli, Band 2: Seine Entwicklung zum Reformator 1506-1520, Zürich 1946.

Farner, Oskar, Huldrych Zwingli, Band 3: Seine Verkündigung und ihre ersten Früchte 1520-1525, Zürich 1954.

Gäbler, Ulrich, Huldrych Zwingli. Eine Einführung in sein Leben und Werk, München 1983.

Köhler, Walther, Huldrych Zwingli, durchgesehen und neu herausgegeben von Ernst Koch, Leipzig ²1954 (Neuausgabe, Zürich/Einsiedeln/Köln 1984).

Rogge, Joachim, Anfänge der Reformation. Der junge Luther 1483-1521, Der junge Zwingli 1484-1523, KGE II/3+4, Berlin ²1985.

2.) Monographien

Althaus, Paul, Die Theologie Martin Luthers, Gütersloh ⁶1983.

Brecht, Martin, Martin Luther, Band 1: Sein Weg zur Reformation 1483-1521, Stuttgart 1981.

Busch, Christina, Freiheit bei Martin Luther und Huldrych Zwingli im Vergleich, Norderstedt 2008.

Gäbler, Ulrich, Huldrych Zwingli im 20. Jahrhundert. Forschungsbericht und annotierte Bibliographie 1897-1972, Zürich 1975.

Hamm, Berndt, Zwinglis Reformation der Freiheit, Neukirchen-Vluyn 1988.

Hoburg, Ralf, Seligkeit und Heilsgewißheits. Hermeneutik und Schriftauslegung bei Huldrych Zwingli bis 1522, Stuttgart 1994.

Köhler, Walther, Huldrych Zwinglis Bibliothek, Neujahrsblatt auf das Jahr 1921. Zum Besten des Waisenhauses in Zürich, hg.v. der Gelehrten Gesellschaft, 84. Stück = Nr. 143, Zürich 1921.

Locher, Gottfried W., Die Zwinglische Reformation im Rahmen der europäischen Kirchengeschichte, Göttingen 1979.

Locher, Gottfried W., Die Theologie Huldrych Zwinglis im Lichte seiner Christologie. Erster Teil: Die Gotteslehre, SDGSTh 1, Zürich 1952.

Moeller, Berndt, Reichstadt und Reformation, bearbeitete Neuausgabe, Berlin 1987.

Neuser, Wilhelm H., Die reformatorische Wende bei Zwingli, Neukirchen-Vluyn 1977.

Rich, Arthur, Die Anfänge der Theologie Huldrych Zwinglis, QAGSP 6, Zürich 1949.

3.) Zeitschriftenartikel

Brecht, Martin, Zwingli als Schüler Luthers. Zu seiner theologischen Entwicklung 1518-1522, ZKG 96, 1985, 301-319.

Dellsperger, Rudolf, Das Zwinglijahr 1984 und die Zwingliforschung, VF 34, 2/1989, 24-38.

Farner, Oskar, Zwinglis Entwicklung zum Reformator nach seinem Briefwechsel bis Ende 1522, Zwing. 3, 1913-1920, 1-17; 33-45; 65-87; 97-115; 129-141; 161-180.

Gäbler, Ulrich, Huldrych Zwinglis „reformatorische Wende“, ZKG 89, 1978, 120-135.

Köhler, Walther, Die neuere Zwingliforschung, ThR NF 4, 1932, 329-369.

Locher, Gottfried W., Grundzüge der Theologie Huldrych Zwinglis im Vergleich mit derjenigen Martin Luthers und Johannes Calvins, Zwing. 12, 1964-68, 470-509; 545-595.

Locher, Gottfried W., Zwingli und Erasmus, Zwing. 13, 1969-1973, 37-61.

Muralt, Leonhard von, Abgekürzte Bezeichnung der Zwingli-Ausgaben, Zwing. 10, 1954-58, 582.

Rogge, Joachim, Die Initia Zwinglis und Luthers. Eine Einführung in die Probleme, LuJ 30, 1963, 107-133.

4.) Lexikonartikel

Abel, Wilhelm, Landwirtschaft 1350-1500, in: Handbuch der Deutschen Wirtschafts- und Sozialgeschichte (HDWSG), hg.v. Hermann Aubin und Wolfgang Zorn, Band 1, Von der Frühzeit bis zum Ende des 18. Jahrhunderts, Stuttgart 1971, 300-333.

Kingdon, Robert M., Art. Genf, TRE 12, 368-375.

Leppin, Volker, Art. Zwingli, TRE 36, 793-809.

Louth, Andrew, Art. Mystik II. Kirchengeschichtlich, TRE 23, 547-580.

Merkel, Helmut, Art. Feste- und Feiertage IV. Kirchengeschichtlich, TRE 11, 115-132.

Schmidt-Clausing, Fritz, Art. Fasten II. Im Christentum, RGG^3 2, 882-885.

zur Mühlen, Karl Heinz, Art. Arbeit VI. Reformation und Orthodoxie, TRE 3, 635-639.

III.) Abkürzungen

Schwertner, Siegfried M., TRE Abkürzungsverzeichnis, Berlin/New York ^{2}1994.

Printed by Books on Demand GmbH, Norderstedt / Germany